NISE DA SILVEIRA E A ADMINISTRAÇÃO PÚBLICA

REFLEXÕES SOBRE A TRAJETÓRIA DE UMA HEROÍNA BRASILEIRA NO SERVIÇO PÚBLICO

FÁBIO LINS DE LESSA CARVALHO

Prefácio
Irene Patrícia Nohara

NISE DA SILVEIRA E A ADMINISTRAÇÃO PÚBLICA
REFLEXÕES SOBRE A TRAJETÓRIA DE UMA HEROÍNA BRASILEIRA NO SERVIÇO PÚBLICO

Belo Horizonte

FÓRUM
CONHECIMENTO JURÍDICO

2023

© 2023 Editora Fórum Ltda.

É proibida a reprodução total ou parcial desta obra, por qualquer meio eletrônico, inclusive por processos xerográficos, sem autorização expressa do Editor.

Conselho Editorial

Adilson Abreu Dallari
Alécia Paolucci Nogueira Bicalho
Alexandre Coutinho Pagliarini
André Ramos Tavares
Carlos Ayres Britto
Carlos Mário da Silva Velloso
Cármen Lúcia Antunes Rocha
Cesar Augusto Guimarães Pereira
Clovis Beznos
Cristiana Fortini
Dinorá Adelaide Musetti Grotti
Diogo de Figueiredo Moreira Neto (*in memoriam*)
Egon Bockmann Moreira
Emerson Gabardo
Fabrício Motta
Fernando Rossi
Flávio Henrique Unes Pereira

Floriano de Azevedo Marques Neto
Gustavo Justino de Oliveira
Inês Virgínia Prado Soares
Jorge Ulisses Jacoby Fernandes
Juarez Freitas
Luciano Ferraz
Lúcio Delfino
Marcia Carla Pereira Ribeiro
Márcio Cammarosano
Marcos Ehrhardt Jr.
Maria Sylvia Zanella Di Pietro
Ney José de Freitas
Oswaldo Othon de Pontes Saraiva Filho
Paulo Modesto
Romeu Felipe Bacellar Filho
Sérgio Guerra
Walber de Moura Agra

FÓRUM
CONHECIMENTO JURÍDICO

Luís Cláudio Rodrigues Ferreira
Presidente e Editor

Coordenação editorial: Leonardo Eustáquio Siqueira Araújo
Aline Sobreira de Oliveira

Imagem de capa: Fotopintura de Mestre Júlio Santos, a partir de retrato de Nise da Silveira

Rua Paulo Ribeiro Bastos, 211 – Jardim Atlântico – CEP 31710-430
Belo Horizonte – Minas Gerais – Tel.: (31) 99412.0131
www.editoraforum.com.br – editoraforum@editoraforum.com.br

Técnica. Empenho. Zelo. Esses foram alguns dos cuidados aplicados na edição desta obra. No entanto, podem ocorrer erros de impressão, digitação ou mesmo restar alguma dúvida conceitual. Caso se constate algo assim, solicitamos a gentileza de nos comunicar através do *e-mail* editorial@editoraforum.com.br para que possamos esclarecer, no que couber. A sua contribuição é muito importante para mantermos a excelência editorial. A Editora Fórum agradece a sua contribuição.

Dados Internacionais de Catalogação na Publicação (CIP) de acordo com ISBD

C331n   Carvalho, Fábio Lins de Lessa

Nise da Silveira e a Administração Pública: reflexões sobre a trajetória de uma heroína brasileira no serviço público / Fábio Lins de Lessa Carvalho. Belo Horizonte: Fórum, 2023.

214 p. 14,5x21,5 cm
ISBN 978-65-5518-543-0

1. Administração Pública. 2. Nise da Silveira. 3. Direito administrativo. 4. Servidores públicos. I. Título.

CDD: 351
CDU: 35

Ficha catalográfica elaborada por Lissandra Ruas Lima – CRB/6 – 2851

Informação bibliográfica deste livro, conforme a NBR 6023:2018 da Associação Brasileira de Normas Técnicas (ABNT):

CARVALHO, Fábio Lins de Lessa. *Nise da Silveira e a administração pública*: reflexões sobre a trajetória de uma heroína brasileira no serviço público. Belo Horizonte: Fórum, 2023. 214 p. ISBN 978-65-5518-543-0.

Dedico este livro aos invisíveis do mundo.

Agradecimentos especiais a todos os profissionais de saúde no Brasil.

As atividades privadas nunca me atraíram. Sinto-me visceralmente amarrada ao serviço público.

(Nise da Silveira)

Nise exação em pessoa como servidora pública exemplar, para quem servir era o único escopo da atividade.

(Arthur da Távola)

A Dra. Nise da Silveira é a mulher do século no Brasil, por ter nos dado uma visão mais humana e inovadora da loucura como expressão da riqueza subjetiva de pessoas que são consideradas deficientes mentais ou portadoras de distúrbios psíquicos. A Dra. Nise nos ensina a descobrir por trás de cada louco, um artista; por trás de cada artista, um ser humano com fome de beleza, sede de transcendência.

(Frei Betto)

Restituída à atividade médica especializada, em cargo público que na aposentadoria lhe proporcionará os proventos de Cr$1mil740, dedicou-se a uma obra em que o interesse científico é amalgamado com o interesse humano, e toda pesquisa envolve amor ao ser – o ser distanciado da imprecisa fronteira do normal.

(Carlos Drummond de Andrade)

SUMÁRIO

PREFÁCIO
Irene Patrícia Nohara 13

APRESENTAÇÃO
Fábio Lins de Lessa Carvalho 17

CAPÍTULO 1
FORMAÇÃO – PRIMEIROS ANOS EM MACEIÓ:
ENTRE LIVROS E FESTAS 21

CAPÍTULO 2
SUPERAÇÃO – UMA MULHER NA FACULDADE DE
MEDICINA EM SALVADOR 39

CAPÍTULO 3
ADAPTAÇÃO – NISE CHEGA AO RIO DE JANEIRO 53

CAPÍTULO 4
VOCAÇÃO – INGRESSO NO SERVIÇO PÚBLICO 65

CAPÍTULO 5
PERSEGUIÇÃO – A PRISÃO DE NISE 73

CAPÍTULO 6
REFLEXÃO – OS ANOS DE AFASTAMENTO DO SERVIÇO
PÚBLICO: DEMISSÃO, FUGA E OSTRACISMO DE NISE 87

CAPÍTULO 7
INDIGNAÇÃO – A REINTEGRAÇÃO AO SERVIÇO PÚBLICO
E O INÍCIO DA REBELDIA 95

CAPÍTULO 8
INOVAÇÃO – CRIATIVIDADE NO SERVIÇO PÚBLICO 103

CAPÍTULO 9
QUALIFICAÇÃO – NISE VAI ESTUDAR COM JUNG NA SUÍÇA ... 119

CAPÍTULO 10
DISSEMINAÇÃO – PUBLICAÇÕES E DISCÍPULOS
DO ADMIRÁVEL MUNDO NISE 129

CAPÍTULO 11
DEDICAÇÃO – ESTAGIÁRIA APÓS A APOSENTADORIA 137

CAPÍTULO 12
VALORIZAÇÃO – UMA SERVIDORA PÚBLICA
É RECONHECIDA COMO HEROÍNA NACIONAL 143

CAPÍTULO 13
NOTAS FINAIS – DOZE REFLEXÕES PARA O DIREITO
ADMINISTRATIVO INSPIRADAS EM NISE DA SILVEIRA 153

MUNDO NISE EM IMAGENS 163
CRONOLOGIA 193
FRASES DE NISE 197
FRASES SOBRE NISE 201
APELIDOS DADOS A NISE 205

REFERÊNCIAS 207

PREFÁCIO

É grande meu desafio de prefaciar a obra-prima *Nise da Silveira e a Administração Pública*, escrita com a máxima entrega e dedicação pelo admirável, incansável, surpreendente e inspirador Fábio Lins de Lessa Carvalho.

Em primeiro lugar, Fábio expressa que o motivo de Nise da Silveira ter sido vetada, pelo então Presidente Bolsonaro, na homenagem de personalidades históricas do nosso país, ao ensejo de 2022 (bicentenário), foi um episódio catalisador do nascimento (não prematuro, diga-se, pois a presente obra está madura e rica) desta pérola da sofisticada e abrangente produção do nosso profícuo jurista de Alagoas.

Realmente, negar a Nise da Silveira, médica alagoana, que revolucionou a psiquiatria no Brasil e no mundo, o pódio merecido entre heróis e heroínas nacionais, nos estimula, no mínimo, a não fazer descaso com a grandeza desta brilhante personalidade histórica de nosso país.

Contudo, o veto não causa espanto... Partindo-se das ideias do ex-Presidente, admirador de outro "Brilhante", o necrófilo torturador Ustra, que foi reputado por Bolsonaro "herói nacional", este veto pode ser tido, em realidade, como *uma ode* à nossa autêntica personalidade: Nise da Silveira, pois *ditadura*, *prisão* e *tortura* são justamente aspectos combatidos ao longo da vida por Nise, que, a partir de sua marcante sensibilidade e compaixão, defendeu a *liberdade*, a *dignidade* e a terapêutica *afetividade* entre seres humanos (e, inclusive, entre pessoas e animais no geral).

De acordo com Erich Fromm, na *Anatomia da destrutividade humana*, pessoas intensamente necrófilas, como Ustra, são muito perigosas, pois são as que odeiam, as racistas, as que se mostram a favor da guerra, dos banhos de sangue e da destruição, podendo ser indivíduos que se juntam ao séquito de algum líder ditatorial, para se tornarem carrascos terroristas e torturadores.[1]

---

[1] FROMM, Erich. *Anatomia da destrutividade humana*. Rio de Janeiro: Guanabara, 1987, p. 489.

Já Nise da Silveira, por sua vez, era o exato oposto disso, pois ela era voltada à vida, ao afeto e à alteridade. Assim, deixar de cultuar Nise é como escolher, na paródia de *Star Wars*, "o lado negro da *força*", uma escolha que, ao cabo, acaba sendo sempre muito dura para o ser humano, pois, como enfatiza Fromm, na *Análise do homem*, "a pessoa destrutiva é infeliz mesmo que tenha conseguido alcançar os objetivos de sua destrutividade [...], reciprocamente, nenhuma pessoa sadia pode deixar de admirar manifestações de decência, amor e coragem, e ser afetada por elas, pois são estas *forças* sobre as quais repousa a própria vida".[2]

Então, em vez de lustrar as botas e as máscaras dos "Darth Vaders" de nossa história, em seus períodos mais sombrios, talvez possamos aproveitar o ensejo para cultuar o brilho autêntico de uma *rebelde*, repleta de afeto e que, pela criatividade, experimentação e arte, contribuiu para que se virasse a página truculenta dos tratamentos psiquiátricos do Brasil e do mundo, regados a lobotomia, eletrochoques e demais métodos degradantes, legando imorredouras lições à humanidade.

Este é o intuito da presente obra, deliciosa de ler e recheada de curiosidades, que vai reconstruindo a trajetória de Nise da Silveira como biografia, com dados, relatos históricos e registros fotográficos, que só alguém com a envergadura e a cultura de Fábio Lins, alagoano igualmente talentoso e erudito, Procurador do Estado e professor da UFAL, faria nesta intensidade e com esse primoroso resultado.

Inspirado na noção aristotélica de mimese, consciente de que a vida de Nise é rica e simultaneamente dramática, sendo digna de espelhamento, Fábio Lins reconta a desafiadora trajetória de Nise da Silveira a partir de doze capítulos, dos quais, ainda, extrai, ao final, doze lições edificantes.

Nesta obra, ele acrescenta a trajetória de uma extraordinária mulher ao seu trio de personalidades e a Administração Pública, consubstanciado nos antecessores: *Pontes de Miranda e a Administração Pública*, *Graciliano Ramos e a Administração Pública* (aliás, que encontrou, no cárcere, Nise da Silveira) e *Raul Seixas e a Administração Pública* (a qual também tive a grata alegria e a oportunidade de prefaciar).

Assim, a presente obra nos proporciona uma leitura edificante, onde se retrata Nise da Silveira com qualidades surpreendentes, que de fato tinha: mulher, nordestina, de Alagoas, e com uma visão de mundo

---

[2] FROMM, Erich. *Análise do homem*. Rio de Janeiro: Linoart, 1978, p. 193.

includente, considerada precursora da reflexão antimanicomial e dos métodos de terapia ocupacional, com atividades artísticas, sendo elas instrumentos não verbais para a interação, o conhecimento do inconsciente e o reconhecimento entre seres humanos.

Nise lutou para, literalmente, substituir os medievais "picadores de gelo" das lobotomias praticadas no tratamento psiquiátrico pelos pincéis de tinta a óleo, enriquecidos com contatos com animais. Mas sofreu preconceito por ser mulher, ainda, muitos dos seus animais, vistos por ela como "coterapeutas", foram propositadamente envenenados. Houve um preço por empregar métodos alternativos de terapias e, sobretudo, por enfrentar um universo frio, exclusivamente masculino e absolutamente desumano.

Nise logo percebeu, desde o início de sua atividade de psiquiatra, que os médicos da psiquiatria convencional estavam absolutamente errados, sendo rígidos aplicadores de princípios equivocados acerca do ser humano.

Precursora brasileira das ideias depois defendidas por Foucault, Nise percebeu que o encarceramento seria, em realidade, um dos motores da loucura. Algo que revela, na atualidade, que a construção de manicômios é um passo dado para o isolamento de pessoas com transtornos mentais, mas que, efetivamente, não contribui ou se importa com o bem-estar dessas pessoas. Neste sentido, nas palavras de Christian Dunker,[3] Nise *subverteu* os "muros da loucura", que, ademais, ela sentiu na carne quando esteve presa junto com Olga Benário e Graciliano Ramos.

As ideias defendidas e aplicadas, na prática, por Nise, nos fazem refletir, com apoio em Foucault, sobre se não haveria, em múltiplas instituições, para além dos hospitais psiquiátricos, ou seja, também em postos de saúde, escolas, universidades, delegacias e presídios, resquícios das lógicas manicomiais desse período tão insensível da história da saúde mental. Nise destacou-se ao considerar a humanidade e a individualidade de todos os seus "clientes", que se recusava a chamar de "pacientes", por desejar que se tratassem de forma ativa, com atividades artísticas e interações afetivas, em vez dos métodos cruéis de objetificação e assujeitamento...

Da postura de Nise, fica a lição, que é universalizada pela contundente advertência de seu interlocutor, Carl Gustav Jung, *in verbis*:

---

[3] DUNKER, Christian. Desencontro com Nise da Silveira. *Blog da Boitempo*, 3 mar. 2016. Disponível em: https://blogdaboitempo.com.br/2016/03/02/desencontro-com-nise-da-silveira/.

"Conheça todas as teorias, domine todas as técnicas, mas, ao tocar *uma alma* humana, seja apenas *outra alma* humana". Outrossim, a médica alagoana se sentia "visceralmente amarrada ao serviço público", onde se revelou a dimensão mais arquetípica e altruísta derivada da missão do "servidor", isto é, daquele que, com entrega, serve ao interesse público primário da sociedade.

Por conseguinte, convidamos todas e todos à leitura da presente obra, que coloca Nise da Silveira no pedestal em que ela merece estar, isto é, no Olimpo dos heróis da nação brasileira, considerando herói aquele que, inspirado em Joseph Campbell, arquetipicamente, perpassa por 12 etapas: o mundo comum; o chamado à aventura; a recusa e hesitação; o encontro com o mentor; a travessia do limite; as provas, os aliados e os inimigos; o enfrentamento da "caverna"; a provação; a recompensa; o caminho de volta; o renascimento para uma nova vida e o reconhecimento no retorno.

Nise partiu do mundo edificante e acolhedor, com sua família em Maceió, recebeu um chamado à aventura de cursar medicina, na Bahia, tendo sido a única mulher de uma classe de centena de homens; recusa e hesita a seguir as especialidades da medicina; mas encontra diversos mentores, inclusive, posteriormente, Jung; ultrapassa os limites do sistema manicomial extremamente cruel e degradante da época; encontra provações, enfrenta preconceitos, tem refúgio nos aliados, como seu marido, vizinhos e poetas, a exemplo de Manuel Bandeira, que lhe dão amparo e alimento inclusive, no serviço público, e também enfrenta inimigos, a exemplo da colega de trabalho que lhe "denuncia" por encontrar entre seus livros um de Marx; enfrenta-se com a caverna horrenda da prisão em um período de ditadura, encontra provações, recebe recompensas, volta fortalecida, convicta, renasce das cinzas para uma nova vida, com mais empoderamento interno, para realizar suas terapêuticas e recebe, do mundo e do Brasil, o reconhecimento merecido!

Venha, então, se aventurar a ter a certeza, assim como nós temos, de que é uma *grande heroína*, com essa obra fantástica de Fábio Lins, *Nise da Silveira e a Administração Pública*, que certamente marcará tudo aquilo que foi pesquisado e levantado sobre essa brilhante personalidade do serviço público e da história brasileira.

Irene Patrícia Nohara
Livre-Docente e Doutora em Direito do Estado (USP).
Professora-Pesquisadora do Programa de Direito Político
e Econômico da Universidade Presbiteriana Mackenzie.

APRESENTAÇÃO

Em 2022, o Estado brasileiro reconheceu a médica psiquiatra Nise da Silveira como Heroína da Pátria. Todavia, para que houvesse a promulgação da Lei nº 14.401, houve um intenso debate nacional sobre a médica alagoana e a necessidade de derrubada do veto do Presidente da República, que não concordava que ela deveria figurar no Livro de Heróis e Heroínas da Pátria, sob o argumento de que não seria possível avaliar "a envergadura dos feitos da médica Nise Magalhães da Silveira e o impacto destes no desenvolvimento da Nação", assim como não deveriam ser priorizadas homenagens a personalidades da história do país a partir de "ideais dissonantes das projeções do Estado Democrático".

Esse episódio foi decisivo para que eu decidisse iniciar a escrita deste livro, projeto que já havia resolvido realizar há alguns anos, mas que vinha adiando por uma razão: não me considerava preparado para tal.

Sempre considerei que, para alguém escrever bem sobre algum tema, especialmente em se tratando de textos que envolvem aspectos técnicos, quanto maior a afinidade com o tema escolhido, melhor. E acredito que tal condição está presente quando se manifestam duas situações: o profundo interesse do pesquisador por seu objeto de estudo e o prévio e sólido conhecimento sobre aquilo que se vai pôr no papel.

Quando decidi escrever um livro sobre a trajetória de minha conterrânea Nise da Silveira no serviço público, o que, repito, já faz alguns anos, ouso afirmar que não tinha a menor dúvida quanto ao fato que eu já atendia com sobras ao primeiro requisito, já que sou um grande admirador da médica alagoana, seja de sua pessoa, seja de seu trabalho. Ademais, como tenho um grande interesse pelos temas que envolvem a Administração Pública, já me sentia confortável para empreender esta jornada.

Todavia, em relação ao segundo elemento (a expertise), admito que eu sabia, desde o primeiro momento, que teria um longo caminho por percorrer. Neste contexto, alguns desafios se apresentaram de cara.

Primeiramente, eu teria que absorver uma série de informações sobre a história de Nise da Silveira, esta personagem cuja vida, que percorreu todo o século XX (1904-1999), foi tão rica em acontecimentos marcantes. Tinha consciência que, mais que descobrir os fatos que marcaram sua vida pessoal, eu teria que me debruçar sobre aspectos profissionais da trajetória da médica alagoana, o que exigiria minha aproximação com a medicina, a psiquiatria, a psicologia, a terapia ocupacional, dentre outras áreas que escapam totalmente de meu domínio.

Em resumo, eu teria que me preparar bem para realizar um estudo biográfico sobre a mulher que revolucionou a psiquiatria brasileira e mundial, destacando principalmente um aspecto de sua vida que ainda não havia sido tão enfatizado pelos pesquisadores: sua trajetória e atuação como servidora pública, algo que se deu entre 1933, quando foi aprovada em concurso público, e 1975, ano em que foi aposentada compulsoriamente.

Neste período, Nise da Silveira esteve no serviço público e lá vivenciou inúmeras experiências administrativas, das mais traumáticas, como seu afastamento do cargo e prisão por convicções ideológicas e o rechaço ao uso de métodos terapêuticos por ela considerados desumanos, agressivos e ineficazes, às mais inovadoras, como a introdução de diversas formas de tratamento psiquiátrico até então não empregadas no Brasil, como a arteterapia, a valorização da liberdade e do afeto, e o uso de animais como coterapeutas dos pacientes.

Na verdade, procurei me inteirar das experiências vivenciadas por Nise antes mesmo dela chegar ao serviço público, por considerá-las relevantes para a formatação de seu caráter. Por esta razão, o livro dedica capítulos aos períodos vividos em Maceió (infância e adolescência), em Salvador (faculdade de Medicina) e no Rio de Janeiro (antes de ingressar na Administração Pública).

Mas, certamente, as grandes reflexões inspiradas em Nise da Silveira têm origem em sua longa e movimentada vida funcional: de forma pioneira, corajosa e desbravadora, foi aprovada em concurso público quando este começava a ser utilizado na Administração Pública brasileira e uma das primeiras mulheres nomeadas para o cargo público de médico no país.

Afastada do exercício da função pública, privada de sua liberdade por mais de um ano, sem ter praticado qualquer infração funcional, foi exonerada e impedida de retornar ao serviço público, tendo que se exilar para fugir de perseguições.

Reintegrada após longo período de ostracismo, logo após seu retorno ao serviço público, negou-se peremptoriamente a cumprir procedimentos que julgava incorretos, sendo, por isto, transferida para setor considerado subalterno e desprezado por seus colegas psiquiatras.

Nesse novo setor, que dirigiu por várias décadas, concebeu e implantou projetos com muita criatividade (como ateliês para os pacientes, um museu hoje reconhecido pela UNESCO e um espaço para readaptação social do ex-internos). Sempre mobilizando muitas pessoas em suas atividades, logo passou a ter uma legião de seguidores, embora a dinâmica servidora também tenha encontrado resistências, críticos e até mesmo opositores.

Julgando-se incapaz de compreender e atender plenamente as necessidades de seus "clientes", solicitou licença para se capacitar, tendo recorrido ao maior nome da psicologia analítica, o suíço Carl Gustav Jung.

Nise não media esforços para exercer seu múnus público da melhor forma possível: desistiu da maternidade, viveu para os seus livros, pacientes e animais. Não tinha tampouco apego ao cargo, tendo solicitado desligamento de sua função de chefia em resposta a atitudes arbitrárias.

Preocupada em disseminar seus conhecimentos, publicou vários livros e formou grupos de estudos. Ao ser aposentada compulsoriamente; apresentou-se ao trabalho no dia seguinte e atuou como estagiária voluntária aos setenta anos de idade.

Tantos acontecimentos marcantes teriam que ser amplamente divulgados à sociedade brasileira e refletidos pela comunidade acadêmica, inclusive por aqueles que estudam a Administração Pública e o Direito Administrativo.

Para tanto, no decorrer do livro, realizei observações sobre a trajetória de Nise da Silveira, focando, em cada capítulo, determinadas temáticas, que muitas vezes não são devidamente aprofundadas pelos que lidam com a função pública: formação, superação, adaptação, vocação, perseguição, reflexão, indignação, inovação, qualificação, disseminação, dedicação e valorização.

Este pequeno livro procura demonstrar como o estudo da trajetória de uma pessoa que dedicou sua vida à coletividade pode resgatar a figura (e o papel) do servidor público, não lhe atribuindo características de um herói (o que, de certa forma, aconteceu com Nise, que foi justamente considerada Heroína da Pátria em 2022), mas como um cidadão cuja missão é trabalhar pelo bem-estar do público. Da mesma forma, o livro procura prestar uma devida homenagem a todos os que lutam pelo fortalecimento do sistema de saúde pública brasileira.

Com a publicação da presente obra, forma-se a tetralogia que dedico à interação entre o Direito Administrativo e a cultura, a partir do estudo de grandes personalidades brasileiras e suas relações com a Administração Pública, atividade estatal mais próxima da cidadania.

Nos livros anteriormente publicados, procurei colocar em evidência a atuação exemplar do escritor-prefeito Graciliano Ramos, os pouco conhecidos ensinamentos do jurista Pontes de Miranda no tocante às temáticas jurídico-administrativas, e as interpretações que as músicas do cantor e compositor Raul Seixas poderiam gerar em relação aos grandes desafios do Direito Administrativo brasileiro.

Faltava analisar a trajetória de uma grande mulher, de alguém que viveu o serviço público de corpo e alma, e que, nas palavras de Carlos Drummond de Andrade, "dedicou-se a uma obra em que o interesse científico é amalgamado com o interesse humano". Agora não falta mais.

A partir da leitura deste livro, espero ter contribuído, ainda que minimamente, para demonstrar (o que não se viu no veto presidencial) "a envergadura dos feitos da médica Nise Magalhães da Silveira e o impacto destes no desenvolvimento da Nação", que seu trabalho é uma das mais importantes "projeções do Estado Democrático de Direito". Enfim, que as lições de Nise da Silveira conquistem novos admiradores e mais brasileiros se inspirem neste ser humano extraordinário.

Maceió, março de 2023.

Fábio Lins de Lessa Carvalho

CAPÍTULO 1

FORMAÇÃO

PRIMEIROS ANOS EM MACEIÓ: ENTRE LIVROS E FESTAS

Na pequena Maceió do início do século XX, nasceu Nise[1] Magalhães da Silveira. Naquele ano de 1905, a capital alagoana ainda não era visitada pelos turistas, tampouco havia, entre os locais, o hábito de se frequentar as praias, embora elas já estivessem lá, com toda a sua beleza.

Na verdade, bairros maceioenses litorâneos como Jatiúca, Ponta Verde e Pajuçara, que somente muitas décadas depois seriam urbanizados e ocupados por prédios residenciais de classes média e alta, restaurantes e hotéis, davam então espaço a sítios e a coqueirais, e o traçado urbano irregular da cidade se concentrava na região do Centro, do bairro portuário do Jaraguá, do alto do Jacutinga (atual bairro do Farol) e de Bebedouro, às margens da Lagoa Mundaú.

---

[1] Sobre a escolha do nome, "pode-se dizer que a rebeldia de Nise da Silveira era inata. Ao nascer, foi batizada com o nome de uma personagem de Cláudio Manoel da Costa, poeta inconfidente, da Conjuração Mineira – movimento patriótico do século XVIII, do qual participou o alferes Joaquim José da Silva Xavier, Tiradentes, que tinha como objetivo libertar o Brasil do regime colonial português. Conta-se que a Nise do referido poeta realmente existiu e, assediada por ele, se rebelou e o rejeitou. Para Cláudio, era a mulher inatingível, que não se comovia com suas súplicas. Dona Lídia escolheu o nome da filha em homenagem à musa do poeta. Assim, é possível afirmar que a rebeldia da menina alagoana tem raízes em séculos anteriores, quando o inconfidente caiu de amores pela moça de personalidade forte. De fato, a vida de Nise da Silveira vai se balizar entre sua originalidade e a rebeldia" (HORTA, Bernardo Carneiro. *Nise, arqueóloga dos mares*. 2. ed. Rio de Janeiro: Aeroplano, 2009, p. 25).

Nas três primeiras décadas do século XX, além de Nise, moraram em Maceió alguns importantes personagens da cultura brasileira: o jurista Pontes de Miranda, o pintor Rosalvo Ribeiro, o ator Paulo Gracindo, o dicionarista Aurélio Buarque de Holanda, os poetas Jorge de Lima e Lêdo Ivo, os escritores Graciliano Ramos, Rachel de Queiroz (cearense) e José Lins do Rego (paraibano), o médico Arthur Ramos, o antropólogo Manuel Diegues Júnior (pai do cineasta Cacá Diegues), a médica Lily Lages, o compositor Heckel Tavares, o político Octávio Brandão, o jornalista Costa Rêgo, o arquiteto Luigi Lucarini (italiano), dentre tantos outros nomes.[2]

Sob diversos aspectos, a reunião de tantas mentes criativas naquele tempo e espaço era algo inusitado, pois a capital alagoana, com todo seu provincianismo, não apenas estava distante dos grandes centros urbanos do país e possuía um modesto contingente populacional,[3] em sua maioria formado por pessoas em situação de extrema pobreza, mas, principalmente, porque ofertava à população local uma educação que era, seja a partir de critérios quantitativos[4] ou qualitativos,[5] totalmente precária.

---

[2] Já durante o século XIX, Alagoas produziu grandes nomes no campo intelectual, destacando-se figuras como João Lins Vieira Cansanção de Sinimbu (o Visconde de Sinimbu), que viria a ser Primeiro-Ministro do Império, Fernandes Barros, Mello Moraes e João Severiano da Fonseca, na medicina; Francisco Ignácio de Carvalho Moreira (o Barão de Penedo), na diplomacia; Ladislau Netto, na botânica; Tavares Bastos, no direito e na política; e Guimarães Passos, na poesia. Sobre o assunto, recomenda-se o excelente texto de Craveiro Costa *A evolução intelectual de Alagoas*, de 1927. "Alguns, porém, nascidos nos primeiros anos desse período, com cursos brilhantes nas faculdades de medicina e direito do país e do estrangeiro, que se desgarravam da vida provinciana, fixando-se na Corte, ficaram, pelas suas obras e pela sua atuação na vida nacional, incorporados ao patrimônio da nação. A província, pequenina demais, não podia contê-los" (COSTA, João Craveiro. *Instrução pública e instituições culturais de Alagoas & outros ensaios*. Maceió: Edufal, 2011. (Coleção Nordestina), p. 147).

[3] De acordo com o IBGE, Maceió possuía 36.427 habitantes em 1900 e 74.166 habitantes em 1920.

[4] De acordo com o censo de 1920, Maceió, tinha 40.043 analfabetos e 34.133 alfabetizados (COSTA, João Craveiro. *Maceió*. Maceió; São Paulo: Catavento, 2001, p. 149).

[5] Graciliano Ramos, quando Diretor da Instrução Pública Estadual, produziu o documento *Alguns números relativos à instrução primária em Alagoas*, publicado no Diário de Pernambuco a 28 de junho de 1935, destacava a situação caótica da instrução primária no Estado: "O quadro que nos apresentava, há poucos anos, a instrução em Alagoas era este: dezena e meia de grupos escolares, ordinariamente localizados em edifícios impróprios, e várias escolas isoladas na capital e no interior, livres de fiscalização, providas de material bastante primitivo e quase desertas. As professoras eram comumente nos grupos; as velhas ficavam nas escolas isoladas, desaprendendo o que sabiam, longe do mundo, ensinando coisas absurdas. Salas acanhadas, palmatórias, mobília de caixões, santos nas paredes, em vez de mapas. Em 1932 eram assim as escolas rurais, as distritais e também grande parte das urbanas (ACHADOS inéditos. *Gazeta de Alagoas*, Caderno B, 28 out. 2012.

Neste contexto, em um texto escrito em 1902, que comentou sobre a instrução pública no início do século XX em Alagoas, destacava-se que:

> Bem que a nossa legislação tenha estabelecido as mais salutares medidas para elevar a instrução ao mais alto gráo, permittindo pelo seu aperfeiçoamento, possa ella corresponder as necessidades praticas indispensáveis, que é dado esperar do seu progresso e aproveitamento no seio das sociedades, peza-nos dizer, não ter attingido ainda a esse nível, não só pela carência absoluta de utencilios escolares, que se observa nos estabelecimentos de ensino, como pela falta de incentivo no professorado, na maior parte, inapto para os mysteres de sua profissão.[6]

Ainda sobre a situação lastimável pela qual passava a educação alagoana no tempo em que Nise da Silveira residia por aquelas bandas, aquela era marcada pela inexpressiva atuação estatal diante de um quadro de miserabilidade da população:

> a escolarização do povo alagoano em todo o século XIX e nas quatro primeiras décadas do século XX foi, predominantemente, de natureza privada. Prédios escolares feitos especialmente para tal fim são praticamente realizações dos anos de 1930 para frente. Antes, o que existiu foi para confirmar a regra. Um texto célebre de Graciliano Ramos no início dos anos de 1930, por exemplo, quando ele foi diretor da Instrução Pública, mostra a indigência da chamada Escola Primária das nossas crianças naquele tempo... Tirando-se o Liceu Alagoano, o Instituto de Educação e uma tentativa em Penedo, que depois feneceu, a educação escolar pública do Império e da República dos Coronéis era uma atividade exercida em casas particulares, com professores, na sua maioria, carentes de saber e de condições pessoais e materiais para superar o isolamento e a penúria em que as elites mergulhavam o povo – este até uma certa altura de nossa história composto por escravos, seus descendentes lançados à penúria pelas políticas "abolicionistas" ou trabalhadores rurais ligados às casas grandes como se fossem servos da gleba de um mundo quase medieval, deixado para trás pela maioria dos povos europeus há pelo menos três séculos...[7]

---

[6] COSTA, Craveiro; CABRAL, Torquato (orgs.). *Indicador Geral do Estado de Alagoas.* Maceió: Edufal; Imprensa Oficial Graciliano Ramos, 2016, p. 26.

[7] Trecho retirado de VERÇOSA, Élcio. Alagoas é uma terra de vencidos e humilhados. Entrevista concedida a Odilon Rios. *Jornal Extra,* 08 abr. 2015, entrevista o professor Élcio Verçosa. Disponível em: http://novoextra.com.br/outras-edicoes/2015/815/16749/lcio-vercosa--alagoas-e-uma-terra-de-vencidos-e-humilhados. Acesso em: 03 fev. 2017.

Se nos campos social e educacional as coisas não iam nada bem, no contexto político também estavam de mal a pior. Somente no período imperial, a província de Alagoas teve sessenta e cinco presidentes; na Primeira República foram vinte e seis. As lutas entre os grupos políticos não eram apenas acirradas, como descambavam para a violência generalizada.

Ainda assim, mesmo neste quadro desolador, marcado pela extrema pobreza, falta de investimento em educação e instabilidade política, há algumas descrições da Maceió dos tempos de Nise da Silveira que surpreendem, pois revelam alguns avanços nos campos econômico e cultural.

No primeiro contexto, o historiador Craveiro Costa aponta que com a instalação do regime federativo, após a instituição da República, os governos municipais passam a possuir uma autonomia até então não experimentada. "Podendo governar-se a si próprio, o município sentiu novas perspectivas de progresso, e rompeu a estagnação do passado, construindo-se. Foi o que se deu em Maceió. A partir de 90 o surto progressista acentua-se numa curva ascendente". Assim, "a vida amplia-se em todos os seus limites convencionais; a população goza novo ambiente fisiográfico para desenvolver-se".[8]

O professor e economista alagoano Cícero Péricles de Carvalho ressalta que

> no começo do século XX, não era somente a população que crescia. Refletindo a maior dinâmica gerada pela abertura das exportações do comércio direto ao exterior e pelo aumento das exportações de algodão, o movimento portuário, concentrado no bairro do Jaraguá, tinha sido ampliado e se consolidado como principal porto regional.[9]

Luiz Carlos Mello, ao escrever o capítulo "Infância em Maceió" na biografia da médica alagoana, ressalta que "Maceió foi uma das primeiras cidades do Brasil a ter ruas iluminadas por lampiões a gás, telefone e bonde com tração animal. As praças da cidade eram similares às praças francesas. Alguns colégios seguiam o modelo europeu de ensino, e Nise estudou em um deles".[10]

---

[8] COSTA, João Craveiro. *Maceió*. Maceió; São Paulo: Catavento, 2001, p. 156.
[9] CARVALHO, Cícero Péricles de. *Formação histórica de Alagoas*. 3. ed. Maceió: Edufal, 2015, p. 196.
[10] MELLO, Luiz Carlos. *Nise da Silveira*: caminhos de uma psiquiatra rebelde. Rio de Janeiro: Automatica, 2014, p. 49.

Foi neste contexto que Maceió se tornou a primeira capital brasileira a ter luz elétrica (desde 1897) e contava no início do século passado com doze consulados. De acordo com um almanaque publicado em 1900, existiam na capital alagoana profissionais como "tamanqueiros, ourives, fogueteiros, funileiros, seleiros, maquinistas, chocalheiros, armadores, sacerdotes, tanoeiros, modistas, tipógrafos, guarda-livros, capatazes, afinadores de piano, escultores, despachantes, além de médicos, professores, advogados, dentistas".[11]

Foi sobretudo no campo cultural (que é um conceito mais amplo que o educacional) que Alagoas encontrou no alvorecer do século XX. E quando aqui se fala em cultura, destaque maior é dado às festas e manifestações populares. Em relação aos festejos, estes eram bastantes concorridos, e eram caracterizados por um "misto de religioso e de profano: orações, bênçãos, novenas no interior do templo; carrosséis, bancas de roleta, quermesses, leilões, bazares de prendas no pátio ou na praça fronteira".[12]

Neste contexto, o historiador Dirceu Lindoso, ao se referir sobre a cultura alagoana, destaca que esta é "o resultado dos trabalhos de individualidades criativas e do trabalho social de um povo. Assim se fez a imagem das Alagoas, sua cultura mais que secular".[13]

Também deve ser aqui lembrado o poeta Sidney Wanderley, que na crônica "Sobre a alagoanidade", apesar de criticar os que defendem este conceito como algo a ser estudado pela academia, revela que aquela, caso exista, é o produto de alguns personagens com destaque intelectual em meio às manifestações genuinamente populares dos alagoanos:

> Advogo, sim, uma alagoanidade esculhambada, disforme, banguela, antropofágica (com direito a sardinhas e Sardinha), macunaímica ("Ai! que preguiça!" desse papo infausto e broncoposudo de identidade cultural etc. e coisa e tal), desbragadamente inclusiva e insaciavelmente cosmofágica. Uma alagoanidade tal a de dona Nise da Silveira, que soube unir os tórridos loucos e os gatos tupiniquins à psicologia dos arquétipos junguianos, oriundos da fria e fleumática Suíça. Uma alagoanidade que acolha o cego Homero e o boêmio Zé do Cavaquinho, os epilépticos Dostoiévski e Machado de Assis e o desassossegado Breno Accioly, a mitologia nórdica e o reisado, a madeleine proustiana e as

---

[11] COSTA, Craveiro; CABRAL, Torquato (orgs.). *Indicador Geral do Estado de Alagoas*. Maceió: Edufal; Imprensa Oficial Graciliano Ramos, 2016, Apresentação.
[12] COSTA, João Craveiro. *Maceió*. Maceió; São Paulo: Catavento, 2001, p. 159.
[13] LINDOSO, Dirceu. *Interpretação da província*: estudo da cultura alagoana. 3. ed. Maceió: Edufal, 2015, p. 47.

bolachas Pirauê da padaria de Viçosa, o puteiro do finado Mossoró e as libidinagens de Molly Bloom, os travestis da Pajuçara e os versos de Whitman e Lorca, os labirintos borgianos e os descaminhos da feira do Rato, o mujique russo e o sertanejo de Dois Riachos, os feitiços verbais de Guimarães Rosa e o segredo sagrado do camarão do Bar das Ostras, o decassílabo camoniano e o martelo agalopado dos cantadores de viola da minha já recuada infância.[14]

Segundo o historiador Douglas Apratto Tenório, esta "alagoanidade ambígua", que "não é um artefato comum, é uma confrontação sutil entre cultura de classes distintas e opostas, erudito versus popular". Acrescenta que esta alagoanidade tanto é "um elogio e busca das raízes originárias, muitas vezes de usurpação dos elementos marginalizados dos grupos subalternos, ou um instrumento de dominação antes de se chegar a um processo de convivência histórica da sociedade maceioense, alagoana, exercitada no teatro cultural".[15]

Para ilustrar o quadro (ou caldo) cultural que existia na Maceió da infância de Nise da Silveira, basta indagar o que faziam os maceioenses quando queriam se divertir. Félix Lima Júnior dá algumas pistas:

> Maceió, no fim da primeira e na segunda década deste século, era ainda cidade provinciana, tendo pouca coisa que a recomendasse, sendo a principal a boa iluminação elétrica, tida como das melhores do país. Não tínhamos distrações. O futebol, que não era ainda coqueluche popular, ensaiava os primeiros passos: a rapaziada jogava bola de palha de milho, pião ou empinava arraia, no Jacutinga ou no Sobral; dançava-se coco; exibiam-se reisados, pastoris, e quilombos, pelo Natal; arranjava-se um quebra-pote uma vez por outra; surgiam os primeiros cinemas com fitas dinamarquesas, italianas e francesas, estreladas por Valdemar Psilander, Lida Borreli e Max Linder. Construía-se o Deodoro; a Biblioteca Pública fechava as portas às quatro horas da tarde; jogava-se gamão no Bloco Alagoano; discutia-se política; lia-se as novidades no Gutemberg, na A Tribuna e no Correio de Maceió.[16]

---

[14] EXISTE uma "alagoanidade"? Leia artigo do poeta Sidney Wanderley em livro lançado nesta quarta. *Agenda A*, 11 dez. 2018. Disponível em: https://agendaa.com.br/2018/12/existe-uma-alagoanidade-leia-artigo-do-poeta-sidney-wanderley-em-livro-lancado-nesta-quarta/. Acesso em: 02 jan. 2023.
[15] TENÓRIO, Douglas Apratto. *Maçaió-k, Macayó, Maceió*. Maceió: Cesmac; Eduneal, 2019, p. 95.
[16] LIMA JÚNIOR, Félix. *Maceió de outrora*. Obra póstuma. Textos selecionados e apresentado por Rachel Rocha. Maceió: Edufal, 2001. v. 2, p. 45.

Outro exemplo interessante que demonstra como era a cena cultural maceioense na virada dos séculos XIX para XX e de como esta não dependia nem do Governo, nem da elite econômica, vem da Sociedade Perseverança e Auxílio dos Caixeiros de Maceió (cujo nome depois mudou para Sociedade Perseverança e Auxílio dos Empregados no Comércio), fundada em 1879. Desde seus primeiros anos, "bateu-se pela abolição da escravatura e tomou parte em todos os movimentos cívicos e filantrópicos da capital alagoana". Félix Lima Júnior registra ainda que "com modestíssima renda, obtida das mensalidades dos sócios, mantinha sua sede e irrepreensivelmente bem posta, com museu comercial, seção numismática, secretaria e biblioteca com 2.350 volumes, considerada a terceira do Estado".[17]

Em 15 de novembro de 1905, três meses antes de Nise da Silveira nascer, a referida instituição organizava um evento curioso (por fazer lembrar o futuro estilo que viria a ser adotado por Nise): "uma exposição de trabalhos manuais, a primeira que se fez no Brasil. Idéia magnífica, obteve sucesso raro. No prédio do Liceu das Artes e Ofício, durante três dias, foram apreciados trabalhos enviados por 457 expositores, de Maceió e dos demais municípios do Estado".[18]

Se a Sociedade Perseverança e Auxílio dos Empregados do Comércio tinha uma feição mais proletária, o Instituto Histórico e Arqueológico Alagoano (hoje Instituto Histórico e Geográfico de Alagoas), fundado em 1869 (a terceira mais antiga instituição do gênero no país), era o local cobiçado pela aristocracia:

> O ingresso na instituição valia o mesmo que um título de nobreza no período passado. Os grandes vultos parlamentares, do Judiciário, do Executivo ou grandes lideranças na medicina, no comércio ou na indústria sonhavam em ocupar uma das cadeiras, com direito a ostentar o título de sócio, frequentar suas reuniões, ou não, mas principalmente pela festa da posse, uma iniciação digna da coroação de um rei. Sua revista, que era então editada regularmente, é um precioso mostruário da produção científica, quando não havia ainda nenhuma unidade universitária. Suas peças e coleções constituem o único museu do novo Estado, formando precioso acervo da história local.[19]

---

[17] LIMA JÚNIOR, Félix. *Maceió de outrora*. Obra póstuma. Textos selecionados e apresentado por Rachel Rocha. Maceió: Edufal, 2001. v. 2, p. 170.
[18] LIMA JÚNIOR, Félix. *Maceió de outrora*. Obra póstuma. Textos selecionados e apresentado por Rachel Rocha. Maceió: Edufal, 2001. v. 2, p. 172.
[19] TENÓRIO, Douglas Apratto. *Maçaió-k, Macayó, Maceió*. Maceió: Cesmac; Eduneal, 2019, p. 95.

Nise da Silveira é mais uma das individualidades criativas que Alagoas produziu,[20] mas provavelmente nenhuma outra tanto contribuiu para o avanço da humanidade. É preciso investigar e conhecer a forte influência de suas origens alagoanas (1905-1920), verdadeira herança social, que fica evidenciada em suas palavras, assim como nas de seus biógrafos. Sobre seus pais e a criação que recebeu destes, Nise certa vez disse:

> Quando criança, fiz parte do que se pode chamar de aristocracia alagoana. Minha família não era rica, mas me deu tudo o que de melhor havia. Fui filha única, muito mimada, naturalmente. Meus pais eram gente avançadíssima, os dois extremamente sensíveis. Nunca sofri qualquer tipo repressão, sempre fiz o que quis – e isso até hoje.[21]

Nascida em 15 de fevereiro de 1905, às 2h10 da madrugada, Nise era filha (única) de Maria Lídia da Silveira e Faustino Magalhães da Silveira. Ela considerava sua mãe uma "pianista talentosíssima". Por sua influência, fez conservatório de piano até o quarto ano, mas confessa: "não segui a carreira porque não era boa de ouvido. Eu achava minha mãe uma mágica […] Era uma pessoa tão impregnada de música que dividia os serem humanos em dois grandes grupos, a sua tipologia particular: os que cantam e os que não cantam".[22]

De seu pai, que era professor de matemática e geometria (inclusive dela, de Arthur Ramos e de Aurélio Buarque de Holanda) e diretor do *Jornal de Alagoas*, acredita que herdou "o hábito de escrutar o olho do esquizofrênico", pois ele "ficava fitando o olho dos alunos. Ele dizia que não há nada mais revelador do que o olho de quem não entende". Por ter um professor tão próximo e atento às necessidades dos alunos, considerava que teve um bom ambiente de estudo, em casa. "Estudo como festa. Festa de estudar. Estudar era uma festa. Estudar era o máximo".[23]

Nise afirmava que seu pai "era um espírito boêmio, gostava de dançar, não acumulava dinheiro". A admiração de Nise por seu

---

[20] Vide CARVALHO, Fábio Lins de Lessa. *Atrevidos Caetés*: 50 encontros entre alagoanos & personalidades mundiais. Maceió: Viva Editora, 2020.
[21] MELLO, Luiz Carlos. *Nise da Silveira*: caminhos de uma psiquiatra rebelde. Rio de Janeiro: Automatica, 2014, p. 47.
[22] MELLO, Luiz Carlos. *Nise da Silveira*: caminhos de uma psiquiatra rebelde. Rio de Janeiro: Automatica, 2014, p. 47.
[23] MELLO, Luiz Carlos. *Nise da Silveira*: caminhos de uma psiquiatra rebelde. Rio de Janeiro: Automatica, 2014, p. 47.

genitor fica evidenciada quando ressalta que "cultivava a arte de ser agradável".[24] Devido ao trabalho no jornal, seu Faustino conhecia muita gente (da imprensa, artistas, estrangeiros), que era convidada para frequentar a casa em que a família Silveira residia. Todas essas pessoas também marcaram a formação da jovem Nise. Foram seus pais, todavia, aqueles que exerceram maior influência em sua personalidade:

> Da mãe, pianista, Nise da Silveira herdou a sensibilidade, o gosto pela arte e o respeito pelos animais; do pai, professor e jornalista, o interesse pelos estudos, a inquietação política e o desejo de transformações sociais. Professor Faustino era um apaixonado por poesia e matemática. Dona Lídia possuía personalidade marcada pelo refinamento e pela disciplina conferidos pela educação musical. O ambiente familiar fez com que Nise, desde nova, se ligasse às questões humanas e artísticas.[25]

Nise teve uma formação avançada para os padrões brasileiros da época, especialmente se considerado o fato de que, sendo mulher, não era tratada com as limitações geralmente impostas às pessoas do sexo feminino. Em entrevista ao poeta Ferreira Gullar, em 1996, ela recorda que seu pai era professor e "às vezes me levava para as aulas a fim de que eu me habituasse a conviver com rapazes",[26] já que o colégio em que estudava era apenas para meninas.

Nas palavras de Nise, o reconhecimento da influência familiar, que ela levaria para toda a vida:

> Foram realmente pais extraordinários que eu tive, nessa área de música, de arte, de poesia [...] Eu acho que meus pais tiveram grande influência nas minhas atitudes na vida fora das regras comuns. Atitudes essas que me pareciam absolutamente normais. Porque eram atitudes do meu pai e da minha mãe. Eu não fui essa quebradora constante de regras, porque essas regras nunca existiram na minha casa.[27]

---

[24] GULLAR, Ferreira. *Nise da Silveira*: uma psiquiatra rebelde. Rio de Janeiro: Relume Dumará, 1996. (Perfis do Rio), p. 32.
[25] HORTA, Bernardo Carneiro. *Nise, arqueóloga dos mares*. 2. ed. Rio de Janeiro: Aeroplano, 2009, p. 26.
[26] GULLAR, Ferreira. *Nise da Silveira*: uma psiquiatra rebelde. Rio de Janeiro: Relume Dumará, 1996. (Perfis do Rio), p. 34.
[27] POMPEU E SILVA, José Otávio Motta. *A arte na terapia ocupacional de Nise da Silveira*. In: POMPEU E SILVA, José Otávio Motta (org.). *Nise da Silveira*. Rio de Janeiro: Fundação Miguel de Cervantes, 2013. (Coleção Memória do Saber), p. 52.

Esse ambiente saudável sob o ponto de vista cultural se mesclava com a guerra política que sua família vivia diariamente. O jornal da família adotava uma linha editorial de oposição ao principal grupo político de Alagoas (oligarquia Malta), que controlava o Estado de forma autoritária, recorrendo com frequência à violência. Nise lembra: "uma briga de tiro, de morrer gente, de pedra no jornal. Os primos maiores iam pra lá pra brigar. Era briga de pedra e de bala. Comícios. E os irmãos eram tão solidários". Ela se recorda do fato de que seu pai andava frequentemente armado.[28]

Ao analisar como se dá o processo de formação educacional de uma criança, Nise da Silveira já destacava, com base em Jung, o papel exercido pelos pais, especialmente a partir dos exemplos que estes fornecem:

> Nise concorda plenamente com Jung, quando ele distingue três tipos de educação: 1) Educação por meio do exemplo – "O que educa fundamentalmente uma criança é a vida dos pais". 2) Educação coletiva – "Esse tipo de educação processa-se de acordo com regras, princípios e métodos". 3) Educação individual – "Na aplicação desse tipo de educação, as regras, princípios e métodos ficarão subordinados ao objetivo único de permitir a manifestação da individualidade específica da criança". Nise dá ênfase, sobretudo à educação individual, tal qual Jung, que fundamenta-se [sic] em Robert Read, ao defender que "uma meta está ao nosso alcance, e esta é desenvolver e levar à maturidade as personalidades individuais".[29]

Assim, "sua formação intelectual começou no próprio seio erudito de sua família na Alagoas do início do século XX".[30] Até mesmo o avô materno de Nise (Franciso Antônio de Oliveira e Silva) foi por ela considerado uma influência marcante em sua vida, provavelmente a primeira relacionada ao serviço público. "Meu avô também recitava muito Castro Alves, foi um dos primeiros enigmas da minha infância. Estou vendo ele com uma toalha no ombro, ele era funcionário público.

---

[28] POMPEU E SILVA, José Otávio Motta. *A arte na terapia ocupacional de Nise da Silveira*. In: POMPEU E SILVA, José Otávio Motta (org.). *Nise da Silveira*. Rio de Janeiro: Fundação Miguel de Cervantes, 2013. (Coleção Memória do Saber).
[29] KUMMER, Dídimo Otto. *Nise*: abecedário de uma libertadora. Maceió: Catavento, 2004, p. 62.
[30] MAGALDI, Felipe. *Mania de liberdade*: Nise da Silveira e a humanização da saúde mental no Brasil. Rio de Janeiro: Fiocruz, 2020, p. 44.

De manhã, amanhecia o dia, e tal, tomava banho, tomava café e ia-se embora".[31]

Por sua vez, para retratar o ambiente social que ajudou a forjar a personalidade de Nise, o biógrafo Bernardo Carneiro Horta ressaltou:

> Nos biografemas a seguir, dedicados aos primeiros anos da garota de temperamento forte, o leitor conhecerá a origem de seu instigante nome – Nise. Saberá dos embates de sua família, socialista e militante, com violentas facções políticas, em Alagoas. Verá como arte e cultura estavam ligadas à sua formação – mas não somente: constatará a presença de armas por toda sua vida. Quando pequena, havia o revólver do pai e, depois, o do marido. Ouvirá seu avô recitando Castro Alves, em elogios aos livros; e lerá sobre as visitas da pequena Nise à gráfica do jornal de seu tio. Então, a literatura já marcava sua jornada. Na infância e na adolescência, se deu o encontro com ilustres, como Jean de La Fontaine e Baruch Spinoza[32]

Depois de ter vivido em ruas do Centro de Maceió (nasceu na Rua Boa Vista e depois passou a residir na Rua do Sol), a família Magalhães da Silveira se mudou para o bairro de Bebedouro[33] (Rua do Frechal de Cima, hoje Faustino da Silveira). Sobre este bairro do início do século XX, registre-se que se tratava de um dos mais festivos da capital alagoana, o que muito se atribuía a um tio de Nise, o Major Bonifácio Silveira:

> Um dos mais antigos e festeiros bairros de Maceió, Bebedouro é lembrado nos livros de história de Maceió como palco de memoráveis

---

[31] MELLO, Luiz Carlos. *Nise da Silveira*: caminhos de uma psiquiatra rebelde. Rio de Janeiro: Automatica, 2014, p. 48.

[32] HORTA, Bernardo Carneiro. *Nise, arqueóloga dos mares*. 2. ed. Rio de Janeiro: Aeroplano, 2009, p. 24.

[33] Atualmente, o bairro do Bebedouro (assim como outros da capital alagoana) vem passando pela maior tragédia ambiental urbana já registrada na história brasileira: o solo de alguns bairros vem afundando como consequência de atividades de mineração (extração do sal-gema), o que gerou o deslocamento (com abandono das casas) de mais de 50 mil maceioenses. "A debandada da região começou em 2018 quando tremores foram sentidos após fortes chuvas. Rachaduras surgiram e o risco de desabamento ameaçou a segurança de milhares de pessoas, forçando-as a deixarem seus lares. [...] Três anos após o começo dos tremores, essa catástrofe segue afetando a vida das pessoas, tanto daqueles que decidiram permanecer em suas casas, quanto daqueles que foram removidos e forçados a se mudarem. Até o momento, ninguém foi responsabilizado" (SALES, Theo. Rastros da destruição: o crime da Braskem em Maceió. *Jornal do Campus*, 03 jan. 2022. Disponível em: http://www.jornaldocampus.usp.br/index.php/2022/01/rastros-da-destruicao-o-crime-da-braskem-em-maceio/. Acesso em: 03 jan. 2023).

festas, de encontros políticos, comércio em franco desenvolvimento e a hospitalidade de seus moradores, que continuam sendo preservados pelas novas gerações. O bairro já foi o preferido da elite alagoana, que construíam seus casarões na rua principal, próximo à lagoa Mundaú e a linha férrea. Serviu de reduto do português Jacintho Nunes Leite e do major Bonifácio Silveira, os dois verdadeiros construtores do progresso. [...] Bebedouro nos tempos do major Bonifácio Silveira era um reduto festeiro, conhecido de todos os maceioenses, que se deslocavam para lá e participavam do Natal e do Carnaval. A praça principal virava um imenso parque de diversões. Na época dos bondes, os festeiros usavam esse tipo de transporte para chegar até lá [...] O major Bonifácio Silveira, com seu espírito festeiro, conseguiu transformar Bebedouro no ponto chique da temporada de festas de final de ano. Por mais de três décadas, ele conseguiu promover o Natal mais animado de Maceió. Recebia visitantes na praça principal do bairro e em sua casa. [...]. A praça se enfeitava de bandeirolas multicoloridas e outros adornos natalinos; fogos de artifício pipocavam no céu iluminado de estrelas; as retretas; o pastoril; o guerreiro, o coco, a chegança e outras manifestações folclóricas, além das barracas de bebidas e guloseimas.[34]

Se no Natal a festa era na casa do tio Bonifácio, não faltavam oportunidades em que a casa dos pais de Nise também recebia convidados para animados saraus. Neste sentido,

sua família morava em uma bela e agradável casa com varanda. Ali, seus pais costumavam receber, em concorridos saraus, intelectuais e artistas, alagoanos ou de fora, nos quais Dona Lídia, exímia pianista, executava composições musicais dela própria e de compositores notórios. Também havia dança e prosa.[35]

Ainda sobre o ambiente cultural que marcou os primeiros anos de Nise da Silveira:

Nesse clima festivo e de efervescência cultural, Nise da Silveira estava em contato, desde muito jovem, com músicos, intelectuais, poetas, atores, etc. A inauguração do Theatro Politheama em Maceió intensificou a vida cultural na cidade. Após os espetáculos, os atores seguiam para a casa de Faustino e Maria Lydia. No dia 15 de fevereiro de 1909, por

---

[34] PIMENTEL, Jair Barbosa. Que saudade das festas do major Bonifácio Silveira. *O Jornal*, Maceió, 17 nov. 1996.
[35] HORTA, Bernardo Carneiro. *Nise, arqueóloga dos mares*. 2. ed. Rio de Janeiro: Aeroplano, 2009, p. 27.

exemplo, numa festa em comemoração ao aniversário de Faustino e de sua filha Nise, Maria Lydia tocou músicas de Liszt e de Wagner e, em seguida, diversos outros artistas se apresentaram. Durante os saraus eram recitadas poesias em português ou em outras línguas. Quando as estrofes do poema *O Livro e a América*, de Castro Alves, eram declamadas, causavam grande admiração na pequena Nise [...] Na casa de infância de Nise da Silveira ocorriam saraus comandados por Maria Lydia, exímia pianista, que, na futura avaliação da filha, beirava a genialidade (cf. Gullar, 1996), enquanto Faustino, professor de matemática, recebia alunos como Aurélio Buarque de Holanda e Arthur Ramos que, posteriormente, alcançariam notoriedade. A casa da família Magalhães da Silveira era comparada com os mais requintados salões do Rio de Janeiro: no salão de Faustino, freqüentado pelo que havia de mais destacado e elegante em nossa velha cidade, e no qual ouvia-se [*sic*] música, cantava-se e declamava-se podia ser comparado, guardadas as proporções, com o de D. Laurinda Santos Lobo (Lima Junior, 1976, p. 55). Nesse clima festivo e de efervescência cultural, Nise da Silveira estava em contato, desde muito jovem, com músicos, intelectuais, poetas, atores, etc.[36]

Registre-se que a influência alagoana sobre Nise da Silveira não se deu apenas no contexto artístico-cultural, mas também na formação enraizada em valores humanísticos. Neste sentido:

Em uma das histórias que contou em seus últimos anos de vida, ela narra que, quando contava quatro anos de idade, se deparou com uma galinha pedrês amarrada, esperando para ser morta e servida no almoço; a criança, vendo uma lágrima correr dos olhos tristes do animal, soltou um estridente grito; Faustino veio correndo ver o que acontecia e, temendo que a filha sofresse com a morte da galinha, ordenou que se modificasse o cardápio; a galinha liberta morreu anos depois, de velhice. Essa história contada em conjunto com outra, segundo a qual a menina Nise, alguns anos depois, impediu um homem de chicotear um burrico que havia empacado em frente de sua casa, sugere a presença do espírito libertário de Nise da Silveira desde a mais tenra idade.[37]

---

[36] MELO, Walter. Maceió é uma cidade mítica: o mito da origem em Nise da Silveira. *Revista Psicologia USP*, São Paulo, v. 18, n. 1, p. 101-124, mar. 2007. Disponível em: https://doi.org/10.1590/S0103-65642007000100006. Acesso em: 06 jun. 2021.

[37] MELO, Walter. Maceió é uma cidade mítica: o mito da origem em Nise da Silveira. *Revista Psicologia USP*, São Paulo, v. 18, n. 1, p. 101-124, mar. 2007. Disponível em: https://doi.org/10.1590/S0103-65642007000100006. Acesso em: 06 jun. 2021.

Dos tempos de Alagoas, Nise trouxe para sua vida um herói: Zumbi dos Palmares. Nise lembra que seu avô paterno vivia em União dos Palmares, terra onde viveu o líder do movimento de libertação negra: "uma vez, quando estivemos lá, meu pai me contou sobre aquele quilombo. De modo que Zumbi – um negro admirável e libertador – me ficou como ideal de infância".[38]

Também de sua infância vem o apelido Caralâmpia, que a acompanharia durante toda sua vida. Seu conterrâneo Graciliano Ramos se inspirou no poder imaginativo de Nise da Silveira para escrever o conto infantil "A Terra dos Meninos Pelados", cuja personagem principal é a Princesa Caralâmpia:

> Faustino lecionava e, dentre os vários nomes que se encontravam na pauta de aula, a pequena Nise se encantou com o nome de José Caralâmpio. No dia seguinte seriam ministradas provas, e Nise pediu ao pai para não reprovar o rapaz com nome tão bonito. Dias depois, Faustino chegou com o resultado da prova e mostrou para a filha que o rapaz com o belo nome não havia se saído bem nos exames. A partir de então, Faustino passou a chamar a filha pelo apelido de Caralâmpia. O apelido estava diretamente vinculado à capacidade imaginativa de Nise da Silveira sempre que o mundo se tornava agradável ou aterrador, ela recorria ao mundo de Caralâmpia. Essa mistura de diversão e proteção foi utilizada por toda a sua vida, tanto para criar cumplicidade (como nas conversas que travava com Graciliano Ramos na livraria José Olympio), quanto para tranqüilizá-la em momentos difíceis, como no dia em que, já idosa e presa a uma cadeira de rodas, tinha que subir uma escadaria na Fundição Progresso. Receosa, fechou os olhos e, de maneira divertida e tranqüila, se imaginou como uma sinhazinha passeando de liteira. A origem da palavra caralâmpia possui sua base em dois radicais: ara, que significa felicidade, e lampos, designando brilho. Caralâmpia significa, portanto, brilho de felicidade.[39]

Ainda em relação à formação intelectual de Nise, por pertencer à classe média alta, ela estudou no Colégio Santíssimo Sacramento, instituição mantida pelas Irmãs Sacramentinas, congregação (de origem

---

[38] GULLAR, Ferreira. *Nise da Silveira*: uma psiquiatra rebelde. Rio de Janeiro: Relume Dumará, 1996. (Perfis do Rio), p. 31.

[39] MELO, Walter. Maceió é uma cidade mítica: o mito da origem em Nise da Silveira. *Revista Psicologia USP*, São Paulo, v. 18, n. 1, p. 101-124, mar. 2007. Disponível em: https://doi.org/10.1590/S0103-65642007000100006. Acesso em: 06 jun. 2021.

francesa) de freiras católicas.⁴⁰ O citado colégio foi inaugurado em Maceió nos primeiros anos do século XX e está em funcionamento até os dias de hoje:

> Em Maceió, o Colégio Santíssimo Sacramento começou a funcionar em 12 de abril de 1904, na Rua 15 de Novembro, nº 1, atual Rua do Sol, ao lado da Catedral, num prédio de propriedade da viúva do Dr. Pedro Loureiro, com vasto jardim e bonito arvoredo. Era voltado para atender a elite estudantil local, que valorizava a educação francesa e não queria completar seus estudos em Recife ou Salvador. [...] No início do ano seguinte, passou a funcionar no prédio inaugurado em 29 de outubro de 1905 na Rua Ângelo Neto nº 40, antiga Rua do Arame, no Alto do Jacutinga ou Alto do Farol.⁴¹

Sobre o tempo em que estudou no Colégio Santíssimo Sacramento, Nise recorda: "as freiras eram todas francesas, exceto uma que era brasileira. Os livros eram todos em francês. Eu recitava o evangelho em francês. Assim em me enfronhei em coisas francesas".⁴² Apesar de reconhecer a qualidade do ensino, Nise, com sua visão crítica, sabia exatamente em qual contexto social estava inserida: "estudei em colégio de origem francesa. Senhores de engenho com muito dinheiro, mas espírito para baixo".⁴³

Para que se possa ter uma ideia das matérias que faziam parte da formação de Nise no colégio Santíssimo Sacramento, no dia 17 de dezembro de 1905, o jornal *Gutenberg*, em nota publicada na terceira página, anunciou a reabertura das aulas do Colégio no novo prédio

---

⁴⁰ A este respeito, ressalte-se que "no que tange ao ensino particular, sabe-se que era mais amplo e mais ordenado que o público (MADEIRA, 2008, p. 53). Foi possível identificar alguns colégios famosos em Maceió, inaugurados entre o final do século XIX e o início do século XX, os quais possuíam nomes referentes ao imaginário cristão, alguns até controlados por ordens religiosas, o que indicaria o peso de uma educação voltada para a fé católica. Eis aqui alguns exemplos: Colégio N. Srª da Conceição; Colégio S. Domingos; Colégio São Bernardo; Colégio de São José; Colégio Bom Jesus; Colégio Diocesano (dos irmão Maristas, atual Colégio Marista de Maceió) e Colégio SS. Sacramento (das irmãs Sacramentinas)" (DIAS, Gabriela Torres. *Os intelectuais alagoanos e o quebra do Xangô de 1912*: uma história de silêncios (1930-1950). Maceió: Edufal, 2019, p. 35).

⁴¹ TICIANELI, Edberto. Fundação do centenário Colégio do Santíssimo Sacramento de Maceió. *História de Alagoas*. 15 mar. 2021. Disponível em: https://www.historiadealagoas.com.br/fundacao-do-centenario-colegio-do-santissimo-sacramento-de-maceio.html. Acesso em: 19 dez. 2021.

⁴² MELLO, Luiz Carlos. *Nise da Silveira*: caminhos de uma psiquiatra rebelde. Rio de Janeiro: Automatica, 2014, p. 50.

⁴³ FERREIRA, Martha Pires (org.). *Senhoras das imagens internas*: escritos dispersos de Nise da Silveira. Rio de Janeiro: Cadernos da Biblioteca Nacional, 2008, p. 310.

para o dia 1º de fevereiro de 1906, "esclarecendo que seriam mantidos "os cursos de Português, Francês, Inglês, Alemão, Italiano, Piano, Canto, Desenho, Pintura, Bandolin, Harmonium, Prendas e Ginástica".[44]

A adolescente Nise da Silveira era tímida: "Sou igual a sururu, uma ostrinha que custa a sair da casca". Ela também foi bastante feliz em sua vida em Alagoas: "fui felicíssima; minha mãe musicista, tangenciando a genialidade. Meu pai, que era professor, um homem que lia muito Matemática e Literatura". No futuro, Nise tanto utilizaria a arte no tratamento de seus pacientes, como seria uma leitora voraz, tendo também escrito e publicado diversos estudos.

Mesmo tendo deixado sua terra natal para estudar medicina em Salvador e depois para trabalhar no Rio de Janeiro, a relação de Nise com Alagoas permaneceria também nas amizades (muitas delas iniciadas em Maceió e outras nos tempo Rio de Janeiro): Mário Magalhães da Silveira, seu primo e colega de faculdade, com que se casaria e viveria durante várias décadas; Arthur Ramos, seu colega de preparação para acesso à faculdade e nesta, e que também optou pela Psiquiatria; Abelardo Duarte, seu colega no curso médico; Graciliano Ramos, que conheceu na prisão e de quem ficou muito próxima; Jorge de Lima, cuja obra poética admirava profundamente e que, na condição de Presidente da Câmara de Vereadores do Rio de Janeiro, conseguiu trazer para a então capital do país uma exposição organizada por sua conterrânea; Octávio Brandão, seu vizinho nos primeiros anos em Santa Teresa; Luitgarde Oliveira Cavalcanti Barros (antropóloga) e Moacir Sant'ana (historiador), que pesquisaram a vida de sua amiga e conterrânea.

A propósito, Luitgarde Barros, que se aproximou de Nise no final da vida da médica alagoana, ressaltou:

> Conversávamos horas infindas sobre a infância em Maceió, porque viemos as duas de Alagoas, partilhando os feitos de sua família em nossa terra e os marcos dos espaços palmilhados subindo a Ladeira do Farol, correndo pela Praia da Avenida e assistindo os folguedos natalinos organizados por seu tio paterno – Major Bonifácio. Luís Gonzaga cantou o Fiscal da Alfândega, Bonifácio Magalhães da Silveira como o "Major do Povo" – protetor de todos os artistas populares que o procuravam.

---

[44] TICIANELI, Edberto. Fundação do centenário Colégio do Santíssimo Sacramento de Maceió. *História de Alagoas*. 15 mar. 2021. Disponível em: https://www.historiadealagoas.com.br/fundacao-do-centenario-colegio-do-santissimo-sacramento-de-maceio.html. Acesso em: 19 dez. 2021.

Na nossa alagoanidade, construímos um trio com o monge beneditino Dom Mateus Ramalho Rocha, de Palmeira dos Índios como Graciliano Ramos.[45]

Em 1994, aos oitenta e nove anos de idade, em entrevista à *Revista Psicologia e Arte*, falou sobre sua relação com Maceió, conforme relata Dídimo Otto Kummer:

> [...] dizia sentir saudade de sua casa em Maceió, situada à Rua Flechal de Cima, em Bebedouro, atualmente Prof. Faustino da Silveira em homenagem a seu pai: "Até me lembro dos versos de um poeta que diz assim: 'Minha mãe, é em ti que penso, oh! Casa.' Esse é um dos motivos por que me recuso a ir a Maceió, prá não ver essa casa...Acho que Maceió prá mim é um mito, uma cidade mítica que estragaram completamente, querendo imitar Copacabana. Eu adoro Maceió. Tenho medo de ir a Maceió".[46]

Em outro episódio relevador, Dídimo Otto Kummer narra uma conversa telefônica de Nise e seu amigo e biógrafo Bernardo Horta:

> Amigo, admirador, colaborador de Nise, Bernardo Horta, a quem chamava Nise de "gênio do cotidiano", encontrava-se de férias em Maceió, ficando encantado com a bela praia de Pajuçara, resolvendo telefonar para a ela dizendo: "Doutora, estou na praia de Pajuçara! Uma coisa linda e me lembrei da senhora". Nise não responde, Bernardo insistiu: "Alô, alô! A senhora ainda está na linha?" Após alguns instantes, escutou: "Estou..." "Com esse silêncio achei que a ligação tinha caído", disse Bernardo, ao que Nise ainda após instantes explicou comovida: "Foi um silêncio de emoção...saudades da Pajuçara".[47]

Estes são apenas alguns elementos que apontam a formação que Nise da Silveira recebeu em sua infância e adolescência na capital alagoana. A influência do meio social, da criação dos pais e da escola foram determinantes na construção da personalidade, do intelecto e das motivações de Nise.

---

[45] BARROS, Luitgarde Oliveira Cavalcanti. Liberdade e segurança nacional: a formação do intelectual. *In:* SILVA, José Otávio Motta Pompeu e (org.). *Nise da Silveira*. Rio de Janeiro: Fundação Miguel de Cervantes, 2013, p. 455.
[46] KUMMER, Dídimo Otto. *Nise*: abecedário de uma libertadora. Maceió: Catavento, 2004, p. 105.
[47] KUMMER, Dídimo Otto. *Nise*: abecedário de uma libertadora. Maceió: Catavento, 2004, p. 124.

A futura médica, que dedicou toda a carreira ao serviço público, possuía uma base moral e intelectual bastante sólida: família, arte, cultura popular, cultura erudita, educação formal, idiomas estrangeiros, lazer etc. Não há dúvidas de que os pilares que sustentaram a personalidade de Nise da Silveira foram essenciais para toda a sua longa e produtiva vida.

CAPÍTULO 2

SUPERAÇÃO

UMA MULHER NA FACULDADE DE MEDICINA EM SALVADOR

A excelente formação que Nise da Silveira recebeu em Maceió logo produziria um resultado expressivo: aos quinze anos, fora aprovada no exame de admissão realizado no Liceu Alagoano, o que lhe garantiu concorrer e obter ingresso na Faculdade de Medicina da Bahia. Nise se tornaria a primeira médica alagoana.

Durante muito tempo, os jovens alagoanos que queriam frequentar a universidade teriam que se mudar para outros Estados. Se Recife era o destino principal daqueles que optavam por seguir a carreira jurídica (como Pontes de Miranda, Aurélio Buarque de Holanda e Paulo Gracindo), Salvador era o lugar preferido para os que decidiam se tornar médicos.

A Faculdade de Medicina da Bahia (atualmente pertencente à UFBA) é a escola de ciências médicas mais antiga do Brasil, instituída em 1808. Por ela passaram grandes nomes do país, e dentre eles, alguns alagoanos. Convém registrar que esta situação somente começa a mudar com a instituição da Faculdade de Medicina de Alagoas, em 1950.

Dentre os casos de alagoanos que estudaram na Faculdade de Medicina da Bahia, destaque para o poeta Jorge de Lima (1893-1953), que iniciou seu curso de Medicina em Salvador (1909), tendo concluído no Rio de Janeiro (1914). Outro que começou o curso na Bahia (1924) e concluiu na então capital do país (1929) foi o antropólogo e folclorista Théo Brandão (1907-1981). Estácio de Lima (1897-1984), um dos grandes nomes da Medicina Legal no país, ficou em primeiro lugar no vestibular (em 1916) e foi o orador da turma na citada faculdade baiana (em 1921). Ib Gatto Falcão (1914-2018) foi outro grande homem público que estudou medicina na capital baiana, tendo concluído o curso em 1935. Assim, de vez em quando, um alagoano ilustre (e homem) figurava na relação dos novos médicos formados pela tradicional faculdade situada no Terreiro de Jesus.

Todavia, na Maceió de 1920, algo mais ousado estava para acontecer: não apenas um estudante, mas um grupo de vários deles foi preparado pelo professor Faustino, pai de Nise, para admissão na Faculdade de Medicina da Bahia.

Neste grupo, havia vários rapazes e apenas uma moça, Nise. Mas o que ela pensava em relação ao fato de ser a única mulher no grupo? Em suas palavras, a expressão de toda a naturalidade de alguém que não se via em posição de inferioridade:

> eu já convivia com estudantes que iam fazer o vestibular. Como meu pai era professor de matemática, não só ensinava nos colégios, era professor da escola normal, mas ensinava matemática em colégios pra rapazes e muitos desses rapazes frequentavam a nossa casa. E ele fazia grupos de estudos e eu participava desses grupos de estudos, de modo que eu não distinguia quem era homem ou mulher, eram estudantes.[48]

E o que pensava Nise da Silveira sobre sua opção pela faculdade de Medicina? "Na verdade, eu não tinha nenhuma vocação para a Medicina. Quando vejo sangue, fico tonta. Não podia nunca ser médica. Na verdade, a escolha se deu influência desse grupo de rapazes, que estudavam com meu pai, e que iam todos cursar Medicina, na Bahia. Assim fomos em bando para Salvador".[49]

Era comum que os ex-alunos do professor Faustino reconhecessem, em relação a seu mestre, o papel relevante que desempenhou em suas vidas (em especial, na preparação para o ingresso na faculdade) e o orgulho que ele sentia por Nise.

O dicionarista Aurélio Buarque de Holanda, que entrou para a história pelas letras, e não pelos números, foi um daqueles que sempre recordou seu professor de matemática, tanto que chegou a lhe dedicar um artigo quando da morte do docente, em 1927. Disse o Mestre Aurélio em sua juventude: "Hoje, já não mais existe aquele Socrates

---

[48] POMPEU E SILVA, José Otávio Motta. A arte na terapia ocupacional de Nise da Silveira. In: POMPEU E SILVA, José Otávio Motta (org.). Nise da Silveira. Rio de Janeiro: Fundação Miguel de Cervantes, 2013. (Coleção Memória do Saber), p. 53.

[49] GULLAR, Ferreira. Nise da Silveira: uma psiquiatra rebelde. Rio de Janeiro: Relume Dumará, 1996. (Perfis do Rio), p. 35.

franzino, cujas cans precoces symbollizavam os acerbos espinhos que lhe perfuraram os pés na percursão que fez pela verdade aspérrima da instrucção". Sobre este artigo, também já se destacou que "Faustino, na visão de Aurélio, fora um homem feliz, por haver sido justamente a sua unigênita a primeira médica de Alagoas".[50]

Por sua vez, o antropólogo Arthur Ramos, ainda jovem (em 16.02.1927), escreveu as mais belas linhas sobre seu professor:

> De entre as figuras do corpo docente, nenhuma nos conquistara tão cedo o espírito e o coração, aos seus alunos como o professor Faustino da Silveira. Nas suas longas palestras nos assuntos áridos das matemáticas, ninguém como ele, nos sabia enredar, daquela maneira, nos labirintos inextricáveis dos teoremas e dos cálculos. E não se interessava conosco somente com o aproveitamento nas matérias que lecionava, com a sua visão percuciente de desbravador de espíritos, acompanhava a nossa evolução cultural em todas as outras disciplinas ginasiais. E eu adivinhava naquele seu interesse solícito e constante não só a satisfação do educador integrado a seus deveres, senão também uma projeção afetiva do seu carinho paterno, pois era aquela a turma estudiosa de que era parola das mais brilhantes a sua idolatrada filha, minha distinta colega dra. Nise da Silveira.[51]

No grupo que se reunia com o professor Faustino, muitos obtiveram êxito e foram estudar Medicina: Mario,[52] Abelardo,[53] Arthur,[54] João,[55] José Tobias,[56] Natálio,[57] Luiz, Antônio,[58] Nise. Em entrevista a

---

[50] VASCONCELOS FILHO, Marcos. *Marulheiro:* viagem através de Aurélio Buarque de Holanda. Maceió: Edufal, 2006, p. 44.

[51] RAMOS, Arthur. Morte do pai de Nise da Silveira. *Jornal de Alagoas*, Maceió, Ano XX, n. 36, p. 03, 16 fev. 1927. In: POMPEU E SILVA, José Otávio Motta (org.). *Nise da Silveira*. Rio de Janeiro: Fundação Miguel de Cervantes, 2013. (Coleção Memória do Saber), p. 246.

[52] Mario Magalhães da Silveira (1905-1986), com quem Nise viveu durante mais de sessenta anos, foi um dos maiores sanitaristas do país, tendo sido o principal mentor da corrente de pensamento conhecida como sanitarismo desenvolvimentista.

[53] Abelardo Duarte (1900-1992), além de médico, foi historiador, escritor, crítico literário, ensaísta, folclorista e biógrafo.

[54] Arthur Ramos de Araújo Pereira (1903-1949) é considerado o pai da antropologia no Brasil, tendo sido o primeiro Diretor de Ciências Sociais da UNESCO.

[55] João Lessa de Azevedo (1903-) foi professor e médico, tendo sido o fundador da primeira Casa de Saúde e Maternidade de Alagoas.

[56] José Tobias Netto (1902-) se formou em Farmácia (1923), Medicina (1926) e Odontologia (1931). Tornou-se professor titular de Química Toxicologia e Bromatologia na Faculdade de Medicina da Bahia.

[57] Natálio Camboim (1901-) chegou ser Diretor da Faculdade Livre de Medicina do Rio de Janeiro.

[58] De acordo com Moacir Sant'ana, tratam-se Antônio Ayala Gitirana e Luiz Azevedo (SANT'ANA, Moacir Medeiros. Nise da Silveira, a reinvenção da psiquiatria. *Quaternio* –

Ferreira Gullar, a única moça do grupo, mais de sete décadas depois, relata sua jornada a Salvador:

> Tendo sido aprovada nos exames, fui para a Bahia, estudar Medicina. Existia em Salvador uma escola de Medicina que tinha reconhecimento oficial. Também havia uma escola de Medicina no Recife, mas que não era oficializada. Por isso fui para a da Bahia. Mas surgiu em problema: eu ainda não tinha a idade mínima exigida para entrar para a Faculdade, que era dezesseis anos. Eu só tinha quinze. Mas em Maceió tudo se arruma. E assim deram lá um jeito e eu entrei para a Faculdade com quinze anos como se tivesse dezesseis. Depois tive um trabalho danado para corrigir isso e voltar à idade certa. Eu era a única mulher na Faculdade onde só estudavam homens. Cento e cinquenta e sete rapazes e uma moça, que era eu. Guardo ainda o retrato de nossa turma, onde apareço sozinha no meio deles.[59]

A preocupação genuína do professor Faustino com seus alunos continuaria presente, mesmo após os resultados serem alcançados. No caso do grupo que ingressou na Faculdade de Medicina da Bahia, além de Nise, alguns sobrinhos do professor estavam presentes, o que o fez acompanhar de perto suas trajetórias acadêmicas:

> A dedicação do professor pode ser medida pelo fato de que – durante os seis anos em que a filha e os sobrinhos estudaram na Bahia – ele enfrentava uma viagem exaustiva, quinzenalmente. Faustino, na sexta-feira, deslocava-se de Maceió para Salvador, de madrugada, para acompanhar pessoalmente os estudos de Nise e dos rapazes. Após o fim de semana de sabatina, voltava no domingo e, sem ter dormido, retomava suas atividades na segunda-feira. Pai e tio de dedicação valiosa. Por isso, na ocasião, comentava-se, em tom de brincadeira, que o professor sabia mais de medicina do que a filha e os sobrinhos.[60]

Um mês após completar dezesseis anos, no dia 21 de março de 1921, Nise deixou Maceió no vapor Itassucê, acompanhada do pai. Na capital baiana permanece por quase seis anos, tendo concluído seu curso de Medicina em 28 de dezembro de 1926, e deixado a cidade

---

Revista do Grupo de Estudos C. G. Jung, Homenagem Nise da Silveira, Rio de Janeiro, n. 8, p. 207-218, 2001, p. 210).
[59] GULLAR, Ferreira. *Nise da Silveira*: uma psiquiatra rebelde. Rio de Janeiro: Relume Dumará, 1996. (Perfis do Rio), p. 35.
[60] HORTA, Bernardo Carneiro. *Nise, arqueóloga dos mares*. 2. ed. Rio de Janeiro: Aeroplano, 2009, p. 135.

com destino a Maceió no dia 06 de janeiro de 1927, a bordo do vapor Comandante Ripper.[61]

Se hoje as mulheres são maioria nos cursos de Medicina no Brasil,[62] durante muito tempo, estudar e exercer profissionalmente a Medicina era um privilégio concedido apenas aos homens:

> Durante séculos a mulher lutou, com muita fibra, para alcançar o direito natural de exercer a profissão médica, contra todas as hostilidades machistas de sempre. Um édito de 1311 concedia o direito de as mulheres praticarem a cirurgia em Paris. No entanto, havia uma clara distinção entre o cirurgião, considerado de uma categoria inferior, e o médico, que praticava a chamada medicina interna. Não tardou, porém, que esse direito fosse revogado. Em 1322, Jacoba Felicie foi presa e processada pela Université Paris acusada de exercer a Medicina, embora fosse registrado que ela conhecia a arte da Cirurgia e da Medicina melhor do que qualquer doutor em Paris. Existem evidências que a jovem alemã Dorothea Christiane Erxleben (1715-1762) foi a primeira mulher a receber o grau de doutora em Medicina. Estudou na Universität Halle-Wittenberg e foi diplomada em 1754. Em 1812, James Miranda Stuart Berry (1790-1865) conseguiu o grau de doutor em Medicina pela University of Edinburgh, na Escócia, ingressando nos serviços médicos da Marinha Britânica, servindo na Índia, na Jamaica, Canadá e em outras colônias britânicas, como cirurgião-médico. Somente em 1865, quando faleceu, descobriu-se que era uma mulher.[63]

---

[61] SANT'ANA, Moacir Medeiros. Nise da Silveira, a reinvenção da psiquiatria. *Quaternio – Revista do Grupo de Estudos C. G. Jung*, Homenagem Nise da Silveira, Rio de Janeiro, n. 8, p. 207-218, 2001, p. 210.

[62] De acordo com o Conselho Federal de Medicina, "os homens ainda são maioria entre os médicos em atividade no Brasil, mas a diferença em relação às mulheres vem diminuindo ano a ano. É o que mostram os levantamentos da Demografia Médica 2020. Segundo os dados mais recentes (2020), os homens representam 53,4% da população de médicos e as mulheres, 46,6%. Há cinco anos, na pesquisa de 2015, médicos homens somavam 57,5% do total, e as médicas, 42,5%. Trinta anos atrás, em 1990, as mulheres eram apenas 30,8%. Nos grupos de médicos com idades até 34 anos, as mulheres já são maioria, em 2020. Elas representam 58,5% entre os médicos com até 29 anos e são 55,3% na faixa etária de 30 a 34 anos. No grupo com idade entre 35 e 39 anos, há um equilíbrio numérico entre os sexos: com 49,7% de mulheres. A presença masculina na profissão médica aumenta nas faixas etárias mais elevadas, atingindo o percentual máximo de 79% no grupo acima dos 70 anos". (EM 20 ANOS, dobra o número de mulheres que exercem a medicina no Brasil. *Conselho Federal de Medicina*, 08 dez. 2020. Disponível em: https://portal.cfm.org.br/noticias/em-20-anos-dobra-o-numero-de-mulheres-que-exercem-a-medicina-no-brasil/. Acesso em: 29. jan. 2023).

[63] TRINDADE, Ana Paula; TRINDADE, Diamantino Fernandes. Desafios das primeiras médicas brasileiras. *História da Ciência e Ensino*, v. 4, p. 24-37, 2011. Disponível em: https://revistas.pucsp.br/index.php/hcensino/article/view/6435/5767. Acesso em: 29 jan. 2023.

A primeira brasileira formada em Medicina foi a fluminense Maria Augusta Generoso Estrella, que concluiu seu curso nos Estados Unidos. "Nessa época, a legislação brasileira proibia o acesso de mulheres a cursos superiores. Foi com o apoio do seu pai, Albino Estrella, que ela partiu em 1875 para estudar medicina no New York Medical College and Hospital for Women".[64]

Maria Augusta teve que fazer Medicina fora de seu país, pois somente com o Decreto Imperial nº 7.247, de 19 de abril de 1879, foi parcialmente admitida a presença de mulheres no ensino superior em terras brasileiras. Neste contexto, no século XIX, "as estudantes de Medicina eram mal recebidas pelos homens nas universidades americanas e europeias. No final do século XIX, esse pensamento canhestro ainda era comum no Brasil e a própria legislação proibia o acesso das mulheres aos cursos superiores".[65]

Ainda em relação ao pioneirismo na carreira médica feminina, vale destacar o exemplo da gaúcha Rita Lobato Velho Lopes, a primeira mulher médica formada no Brasil. Ela, que perdeu a mãe no dia nascimento de seu irmão caçula, tendo prometido àquela que salvaria mulheres em situações parecidas, iniciou em 1884 seu curso na Faculdade de Medicina do Rio de Janeiro (a partir do segundo ano, mudou-se para Salvador, a fim de estudar na Faculdade de Medicina da Bahia).

Na verdade, na mesma época, três gaúchas tentavam se tornar a primeira mulher formada em Medicina no Brasil:

> Três gaúchas travaram uma interessante disputa cultural: a obtenção do primeiro diploma de Doutora em Medicina em uma faculdade brasileira. Ermelinda Lopes de Vasconcelos, Antonieta César Dias e Rita Lobato ingressaram, em 1894, na Faculdade de Medicina do Rio de Janeiro. Ermelinda formou-se em 26 de dezembro de 1888. Antonieta foi diplomada em dezembro de 1899. […] O Decreto nº 9311 possibilitava aos estudantes a antecipação dos exames, e Rita, ávida em formar-se para poder casar e ser a primeira mulher médica formada no Brasil estudava intensamente para alcançar seus objetivos. A vida acadêmica

---

[64] QUEM foi a primeira mulher médica do Brasil?. *Sanar*, 07 mar. 2022. Disponível em: https://www.sanarmed.com/quem-foi-a-primeira-mulher-medica-do-brasil-carreimed. Acesso em: 29 jan. 2023.
[65] TRINDADE, Ana Paula; TRINDADE, Diamantino Fernandes. Desafios das primeiras médicas brasileiras. *História da Ciência e Ensino*, v. 4, p. 24-37, 2011. Disponível em: https://revistas.pucsp.br/index.php/hcensino/article/view/6435/5767. Acesso em: 29 jan. 2023, p. 25.

era estafante, porém ela queria concluir o curso com brevidade. Entre 1885 e 1887 gozava apenas um descanso de fim de ano. Com sua determinação, realizou em pouco mais de três anos um curso que exige seis. Sempre foi assídua e dificilmente faltava às aulas [...] A formatura ocorreu em 10 de dezembro de 1887 no Salão Nobre da Faculdade [...] Durante um ano e meio atendeu em Porto Alegre a muitos chamados e realizou dezenas de partos.[66]

Outra bela história de pioneirismo médico tem como protagonista a alagoana Maria José Salgado Lages, a Lily Lages (1907-2003), que, além de ter brilhado como uma das primeiras a levantar a bandeira do feminismo no país, foi a primeira deputada mulher eleita por seu estado em 1934.

Lily Lages, além de ser conterrânea e contemporânea de Nise da Silveira, também estudou Medicina em Salvador, onde ingressou, em 1925, na faculdade do Terreiro de Jesus. Se Nise foi a primeira alagoana a se formar médica, Lily foi a primeira alagoana a atuar como médica em Alagoas, em 1931, sem contar que ela se tornou, em 1931, a primeira brasileira aprovada em um concurso público para professor de medicina,[67] e, em 1942, a primeira titular de uma cátedra em um curso de medicina no Brasil, também aprovada em concurso público, na Faculdade Nacional de Medicina (Rio de Janeiro).[68]

Se a luta pela emancipação feminina teve traços dramáticos no mundo, estes eram ainda mais complexos no Brasil. No começo do século XX, em artigo publicado na *Gazeta Médica da Bahia* em 1901,

---

[66] TRINDADE, Ana Paula; TRINDADE, Diamantino Fernandes. Desafios das primeiras médicas brasileiras. *História da Ciência e Ensino*, v. 4, p. 24-37, 2011. Disponível em: https://revistas.pucsp.br/index.php/hcensino/article/view/6435/5767. Acesso em: 29 jan. 2023, p. 30-32.

[67] No caso, em 10 de junho de 1931, "o Jornal Diário de Notícias publicou, sob a chamada 'É mais uma victoria da intelligencia feminina, no Brasil – o concurso de jovem professora em nossa Faculdade de Medicina', a noticia de que Lily Lages tinha passando no concurso para docente da cadeira de "Oto-thino-largologia" com brilhantismo" (VANIN, Iole Macedo. *As damas de branco na biomedicina baiana (1879-1949)*: médicas, farmacêuticas e odontólogas. 258 p. 2008. Tese (Doutorado em História) – Programa de Pós-graduação em História, Universidade Federal da Bahia, Salvador, 2008. Disponível em: https://ppgh.ufba.br/sites/ppgh.ufba.br/files/5_as_damas_de_branco_na_biomedicina_baiana_1879-1949_medicas_farmaceuticas_e_odontologas.pdf. Acesso em: 29 jan. 2023)

[68] Neste contexto, sobre a trajetória de Lily Lages, "A Faculdade Nacional de Medicina passou a ser-lhe meta que atingiu em 1942, quando ingressou como professora da cadeira de Anatomia, ensinando até 1962 "Neuro-anatomia e Anatomia dos órgãos dos sentidos" (CHALITA, Solange Bérard Lages. *Biografia Lily Lages*. 2. ed. Maceió, 2021, p. 40. Disponível em: https://www.al.al.leg.br/LIVROLILYLAGES.pdf. Acesso em: 29 jan. 2023).

sob o título de "As mulheres médicas", é possível contar com os dedos das mãos o número de mulheres médicas formadas na Faculdade de Medicina da Bahia:

> O decreto de 19 de abril de 1879 abrio as portas das Faculdades de Medicina do Brazil ao sexo feminino facultando-lhe as inscripções de matricula e exame nos cursos de medicina, pharmacia, partos e cirurgia dentária. Desde essa época matricularam-se e fizeram o curso na Faculdade da Bahia, recebendo o gráo de doutoras em medicina.
> D. Rita Lobato Velho Lopes, em 1887.
> D. Amélia Pedroso Benebien, em 1889.
> D. Ephigenia Veiga, em 1890.
> D. Glafira Corina de Araújo, em 1892.
> D. Francisca Barreto Praguer, em 1896.
> D. Laura Amélia de Souza Bahiense, em 1898.[69]

Maria Augusta Generoso, Ermelinda Lopes de Vasconcelos, Antonieta César Dias, Rita Lobato, Amélia Pedroso Benebien, Lily Lages, Nise da Silveira... estas mulheres desbravadoras desafiaram uma sociedade machista e patriarcal. Sobre Nise, "na sua juventude, contrariou o papel que era esperado das mulheres e foi admitida na Faculdade de Medicina da Bahia, na qual defendeu tese no fim de 1926, tornando-se médica".[70] Aliás, a preocupação de Nise com as mulheres esteve presente na escolha do tema da referida tese, que tratou sobre a criminalidade da mulher no Brasil. Também merece lembrança o registro de um dos biógrafos de Nise, que conta que esta, apesar de ler a Bíblia, "ficava, no entanto, intrigada quanto aos relatos de que Deus nunca ter aparecido a nenhuma mulher e só aos homens, como o fez para Abraão, Moisés, Samuel, Elias, etc. Nise questionava: "será que Deus tinha preconceito divino em relação às mulheres?.[71]"

---

[69] VANIN, Iole Macedo. *As damas de branco na biomedicina baiana (1879-1949)*: médicas, farmacêuticas e odontólogas. 258 p. 2008. Tese (Doutorado em História) – Programa de Pós-graduação em História, Universidade Federal da Bahia, Salvador, 2008. Disponível em: https://ppgh.ufba.br/sites/ppgh.ufba.br/files/5_as_damas_de_branco_na_biomedicina_baiana_1879-1949_medicas_farmaceuticas_e_odontologas.pdf. Acesso em: 29 jan. 2023.

[70] POMPEU E SILVA, José Otávio Motta. Introdução. *In*: POMPEU E SILVA, José Otávio Motta (org.). *Nise da Silveira*. Rio de Janeiro: Fundação Miguel de Cervantes, 2013. (Coleção Memória do Saber), p. 20.

[71] KUMMER, Dídimo Otto. *Nise*: abecedário de uma libertadora. Maceió: Catavento, 2004, p. 57.

Alguns episódios vivenciados por Nise demonstram como não havia igualdade entre homens e mulheres durante o curso de Medicina. E isto ela já percebeu desde o primeiro momento na faculdade:

> No primeiro dia, eu estava indo à aula inaugural, no anfiteatro e perguntei a alguém onde se localizava. Me indicaram uma porta que não era a certa. Havia duas portas para a entrada de alunos – e uma outra, que dava no palco, usada somente pelos professores e pelo reitor. Entrei por esta última e, de repente, me vi no palco, sozinha. De um lado, havia uma mesa e cadeiras em estilo acadêmico, com espaldar alto, esperando pelo reitor, os professores e o mestre que daria a aula inaugural. Ouvi um burburinho. Quando me virei, do outro lado estava uma platéia de 400 pessoas, com estudantes novos, veteranos, gente já formada e funcionários... Me deu um verdadeiro pânico, pois eu estava de pé, plantada como uma doida no meio do palco, em plena cerimônia, entre a mesa dos professores e o público.[72]

Uma circunstância que bem representa os costumes e os valores da sociedade brasileira da época era a ausência de banheiros femininos na faculdade. Nise conta:

> Eu ia pra faculdade e me aguentava até a hora do almoço. Eu morava perto e ia correndo para fazer xixi. Depois voltava a tarde e a mesma coisa. [...] Ah! Minha tragédia era essa. Quando cheguei aqui no Rio e visitei a faculdade e vi toalete de senhoras, eu achei aquilo uma coisa paradisíaca (risos). Eu sofri muito.[73]

Outro episódio que descortina o cenário de discriminação que Nise da Silveira enfrentou foi narrado por seu conterrâneo e colega de turma Arthur Ramos. Ocorrido durante aula de parasitologia ministrada no início do curso pelo professor Pirajá da Silva, este fato teria deixado Arthur revoltado: "o Professor tirou de uma caixa uma serpente e disse: Senhorita, pode segurar? Nise estendeu os braços e segurou a serpente, alguns minutos. Perguntei se ela não teve medo, ao que Nise falou: "Ele fez isto para me desmoralizar. Não conseguiu."

---

[72] HORTA, Bernardo Carneiro. *Nise, arqueóloga dos mares*. 2. ed. Rio de Janeiro: Aeroplano, 2009, p. 130.
[73] POMPEU E SILVA, José Otávio Motta. *A arte na terapia ocupacional de Nise da Silveira*. In: POMPEU E SILVA, José Otávio Motta (org.). *Nise da Silveira*. Rio de Janeiro: Fundação Miguel de Cervantes, 2013. (Coleção Memória do Saber), p. 56.

Nise tinha 16 anos e era a única mulher numa turma de 157 alunos".[74] Ainda sobre este episódio:

> As resistências não eram somente dos colegas que quiçá se sentiam ameaçados pela concorrência feminina, mas também da sociedade que via convivência de moças e rapazes com certa desconfiança; ou mesmo de docentes, que apesar do carinho paternal pelas alunas, não acreditavam que elas teriam as mesmas condições dos alunos para exercerem a profissão e superar os seus desafios. Exemplo desse último caso foi o da psiquiatra Nise da Silveira que teve de provar a um professor possuir tanta capacidade ou coragem, para o trabalho que iria desempenhar na profissão escolhida, quanto qualquer outro discente do sexo masculino. Ela o fez aceitando o desafio que lhe foi imposto: segurar uma cobra.[75]

Todas estas situações foram superadas por Nise, mas ela confessa que chegou a pensar em desistir. Nesta ocasião, o destino lhe pregou uma peça, o que foi decisivo para sua vida (e de tantas pessoas):

> Durante o curso de Medicina, no auge de uma crise pessoal, Nise resolveu largar a faculdade. Escreveu ao pai, comunicando a decisão. Decidira-se, mas hesitava. Na verdade, não sabia exatamente o que fazer. Foi então que aconteceu algo inusitado – uma sincronicidade: a carta voltou para a remetente. Ela, estranhando, a enviou novamente pelo correio, de Salvador pra Maceió – e a correspondência retornou mais uma vez, intacta, às mãos da jovem estudante. Remeteu-a de novo. Pela terceira vez, veio de volta. De repente, aquela estranha repetição lhe pareceu um sinal. Dizia a Dra.: "Então, eu compreendi que não deveria largar o curso de medicina. Não enviei mais a carta para meu pai, e me desdobrei até chegar ao diploma".[76]

Em Salvador, Nise residiu inicialmente em um pensionato. Durante o curso, ela e seu colega de turma Mário se apaixonaram e passaram a viver juntos. Ela confessa: "Não fui namoradeira, ninguém me fazia a corte nos tempos de estudante, havia sempre uma reserva

---

[74] KUMMER, Dídimo Otto. *Nise*: abecedário de uma libertadora. Maceió: Catavento, 2004, p. 30.
[75] VANIN, Iole Macedo. *As damas de branco na biomedicina baiana (1879-1949)*: médicas, farmacêuticas e odontólogas. 258 p. 2008. Tese (Doutorado em História) – Programa de Pós-graduação em História, Universidade Federal da Bahia, Salvador, 2008. Disponível em: https://ppgh.ufba.br/sites/ppgh.ufba.br/files/5_as_damas_de_branco_na_biomedicina_baiana_1879-1949_medicas_farmaceuticas_e_odontologas.pdf. Acesso em: 29 jan. 2023.
[76] HORTA, Bernardo Carneiro. *Nise, arqueóloga dos mares*. 2. ed. Rio de Janeiro: Aeroplano, 2009, p. 133.

a meu respeito, talvez me achassem avançada demais. Quando me apaixonei pelo meu marido, Mário Magalhães da Silveira, foi muito sério, ele foi um grande companheiro até sua morte, em 1986. Ele nasceu em Maceió como eu, éramos primos afastados."[77]. Sobre Mário e sua relação com Nise:

> Mário Magalhães da Silveira, marido e primo, médico sanitarista, profissional de reconhecimento nacional, era homem de qualidades morais e intelectuais admiráveis; foi o seu protetor incondicional, "conhecia Nise nas palmas de suas mãos", diziam os mais próximos. Os dois possuíam aguçada lucidez política e vigorosa consciência de justiça social. Muito diferentes no tipo psicológico e por temperamento, mas companheiros e cúmplices por toda a vida. Admiravam-se mutuamente. Dr. Mário era o chão firme, o esteio; sem o seu solidário e generoso apoio, Nise nada teria realizado.[78]

Sobre a rotina que levava em Salvador, "morava em pensionato, estudava e, nos fins de semana, passeava de bonde. Perguntada se fez amizades nesta época, disse que não. Nas férias de junho e depois dos exames de novembro, voltava para Maceió. Retornava para Salvador em março."[79]

Ao se aproximar do fim do curso, Nise da Silveira teve que tomar uma importante decisão: definir a especialidade médica que deveria seguir. Ela detalhou como esta escolha aconteceu:

> Foi nas férias que me decidi. Meu pai, que era professor de matemática, jornalista e curioso de tudo, certo dia, apareceu em casa com uma nova revista de criminologia, entre muitas outras. Nela havia artigos de Gina Lombroso, neta do famoso criminalista, e sobre outros assuntos da especialidade. É claro que, como estudante de medicina, interessei-me pela leitura. Dentro em pouco estava eu entusiasmada pela matéria. Com o primeiro impacto, embalei... Tive, assim, o primeiro contato com a psiquiatria, pois psiquiatria e criminologia eram nada mais nada menos que assuntos fronteiriços. Li, então, "Psicopatologia da vida cotidiana",

---

[77] MELLO, Luiz Carlos. *Nise da Silveira*: caminhos de uma psiquiatra rebelde. Rio de Janeiro: Automatica, 2014, p. 54.
[78] FERREIRA, Marta Pires. Anexo "Uma trajetória". In: *Senhora das imagens internas: escritos dispersos de Nise da Silveira*. Rio de Janeiro: Cadernos da Biblioteca Nacional, 2008, p. 281.
[79] POMPEU E SILVA, José Otávio Motta. A arte na terapia ocupacional de Nise da Silveira. In: POMPEU E SILVA, José Otávio Motta (org.). *Nise da Silveira*. Rio de Janeiro: Fundação Miguel de Cervantes, 2013. (Coleção Memória do Saber), p. 58.

de Freud. Tinha que estudar, mas, depois disso, fiquei de cabeça virada para a psiquiatria, que somente deveria entrar no programa do 6º ano do curso. Já pensando seriamente na tese, aproveitei a oportunidade para penetrar mais a fundo nos assuntos de criminologia. Por isso visitei o presídio do Recife. Foi aí que encontrei o primeiro doente mental em minha vida. Tratava-se de uma pobre mulher, presa e condenada por homicídio, mas que não passava, afinal, de uma grande delirante, de uma louca. Conheci muitas outras pessoas doentes mentais, mas aquela, por ser a primeira, fez-se uma forte impressão.[80]

Assim foi que, sua tese de final de curso, defendida em 02 de dezembro de 1926, teve como título *Ensaio da criminalidade da mulher no Brasil*. Ela revelou as razões que a levaram a sempre buscar os segmentos mais excluídos da sociedade: "desde muito cedo me interessei pelo lado marginal, tanto que meu grande herói era Zumbi dos Palmares. Acho que foi por isso que foi fácil para mim a adaptação com os loucos".[81]

Apesar da opção pelo tema de sua tese ser representativa do pensamento que Nise levaria por toda a vida, parte de seu conteúdo ela não mais defenderia, pois era influenciada pelo eugenismo (movimento científico e social que se ocupava da "melhoria" da raça humana por meio das leis de hereditariedade), o que era predominante à época.[82] "Não por acaso, já adulta e madura, a fundadora do Museu das Imagens do Inconsciente, não considerava *Ensaio da criminalidade da mulher no Brasil* um bom trabalho, por ter sido realizado quando era muito jovem, ainda inexperiente".[83]

No período da faculdade de medicina, Nise da Silveira teve como grande influência o professor Prado Valadares, principal mestre de Clínica Médica que a turma acompanhava no Hospital Santa Isabel.

---

[80] MELLO, Luiz Carlos. *Nise da Silveira*: caminhos de uma psiquiatra rebelde. Rio de Janeiro: Automatica, 2014, p. 55.

[81] MELLO, Luiz Carlos. *Nise da Silveira*: caminhos de uma psiquiatra rebelde. Rio de Janeiro: Automatica, 2014, p. 56.

[82] Sobre esta questão, "por mais improvável que pareça aos olhos de hoje, nas primeiras décadas do século 20, médicos, cientistas e intelectuais participaram do movimento eugênico, que, em sua linha mais extrema, defendia práticas para excluir "indesejáveis", impedindo a sua reprodução. Pretendiam, assim, "melhorar" geneticamente a população brasileira" (RODRIGUES, Karine. Encampada pelo nazismo, eugenia já foi emblema de modernidade no Brasil. *Fiocruz*, 10 dez. 202. Disponível em: https://www.coc.fiocruz.br/index.php/pt/todas-as-noticias/1913-encampada-pelo-nazismo-eugenia-ja-foi-emblema-de-modernidade-no-brasil.html. Acesso em: 30 jan. 2023).

[83] HORTA, Bernardo Carneiro. *Nise, arqueóloga dos mares*. 2. ed. Rio de Janeiro: Aeroplano, 2009, p. 137.

Acerca do referido professor, Nise reconhece seu papel em sua formação médica: "Aprendendo a ter uma visão do ser humano em sua totalidade e não de forma fragmentada, separada por peças e órgãos".[84]

Conforme se verifica nestes relatos dos tempos vividos em Salvador, de uma quase desistência da medicina à discriminação que sofria por ser mulher; da ausência de amigos à adoção de ideias que, hoje em dia, seriam consideradas indefensáveis, Nise da Silveira acumulou uma série de momentos difíceis e diversas experiências negativas, mas cuja vivência e superação a fizeram evoluir.

Todavia, nada disto chegou perto do momento mais triste e que viria a marcar fortemente a vida de Nise da Silveira, e que ocorreria logo após o seu retorno a Maceió: seu pai Faustino, pouco antes de completar quarenta e sete anos de idade, morre. "É... Aí minha vida mudou", confessa Nise. Assim ela relatou esta tragédia pessoal:

> Eu voltei para Maceió e aí foi uma desgraça. Me formei dia 28 de dezembro, tomei o navio com minha mãe no dia 04 de janeiro... Cheguei em casa, naturalmente estava alegre o clima, mas aí meu pai adoeceu. No dia 10 de fevereiro, ele morreu. Eu faria o meu aniversário, isso me chocou muito, me marcou até hoje. Meu aniversário é no mesmo dia do dele, ele faria 47 anos. Morreu cinco dias antes de completar 47 anos. Quando ele morreu, a vida de minha mãe ficou bem modesta em Maceió e eu cheguei a passar dificuldades no início da vida no Rio de Janeiro. Eu tinha então 21 anos, me formei em medicina em dezembro – e papai morreu em fevereiro. Foi uma perda afetiva enorme, ele foi meu grande amor.[85]

Com a morte de seu pai, Nise não apenas teve que superar a "perda afetiva enorme" de seu "grande amor". Toda a sua vida mudou, desde as "mordomias", que se acabaram, ao fato de que sua mãe passou a morar com o avô e a tia de Nise. Isto sem falar que a família teve que vender todos os bens materiais, inclusive os dois pianos de cauda que possuíam.

Sobre a superação vivenciada por Nise nesta fase, alguns elementos valiosos para compreensão de como ela procurou se reerguer:

---

[84] KUMMER, Dídimo Otto. *Nise*: abecedário de uma libertadora. Maceió: Catavento, 2004, p. 110.
[85] MELLO, Luiz Carlos. *Nise da Silveira*: caminhos de uma psiquiatra rebelde. Rio de Janeiro: Automatica, 2014, p. 59.

Quem não atravessou fase difícil na vida? Nise vivia uma fase de muito conflito, sofrimento e dor. Encontrava-se recém-formada, expectativas de emprego, súbito falecimento do querido pai, sua união com o primo, enfim, um turbilhão de fatos que a perturba intensamente. Foi, então, que teve acesso ao livro "Ética" do filósofo Spinoza. Revela que sua dor a partir da leitura, desde as primeiras páginas, foi se atenuando, porque a partir daí passou a ter outros valores, a ter uma nova forma de abordar seus problemas, inclusive perdendo grande parte da importância que lhe atribuía. Deste modo, foi pela grande influência do livro em sua vida que resolveu escrever "Cartas a Spinoza", como se ele passasse a ser um grande interlocutor, dotado de inigualável escrita sobre fatos de sua vida, sendo responsável direto pela superação de todos os tormentos que vivenciou.[86]

Diante de tantos abalos afetivos, psicológicos e financeiros, Nise decidiu deixar Maceió. "Aí tomei um navio e me toquei para o Rio de Janeiro".[87] Logo, Nise perceberia que, além de superação, ela teria que usar com mais frequência uma palavra do início do dicionário: adaptação.

---

[86] KUMMER, Dídimo Otto. *Nise*: abecedário de uma libertadora. Maceió: Catavento, 2004, p. 148.
[87] MELLO, Luiz Carlos. *Nise da Silveira*: caminhos de uma psiquiatra rebelde. Rio de Janeiro: Automatica, 2014, p. 59.

CAPÍTULO 3

ADAPTAÇÃO

NISE CHEGA AO RIO DE JANEIRO

Maceió veria Nise da Silveira deixá-la mais uma vez, agora de forma definitiva, em abril de 1927. Viver em Alagoas não mais seria uma possibilidade para ela, seja devido às repentinas e bruscas mudanças que atingiram sua família, seja diante das dificuldades que uma jovem médica tinha para encontrar trabalho em uma cidade ainda muito provinciana.

Na realidade, Nise seguiu o caminho que, naturalmente, já vinha sendo percorrido por milhões de nordestinos, inclusive seus conterrâneos, que queriam alcançar um lugar ao sol.

Neste contexto, desde os tempos do Império, havia uma intensa tradição de jovens alagoanos migrarem para a cidade que, durante quase dois séculos (1763-1960), foi a capital oficial do país: o Rio de Janeiro.

Dentre estes migrantes alagoanos que escolheram a Cidade Maravilhosa para viver, embora quase todos estivessem buscando melhores oportunidades profissionais e fossem movidos sobretudo por razões econômicas, há, pelo menos, dois grupos principais que se diferenciam: o primeiro, formado por trabalhadores braçais que, diante da situação de extrema pobreza em que viviam, viam no Rio de Janeiro a possibilidade de encontrar emprego e de sobreviverem com maior dignidade; e o segundo grupo, constituído por alagoanos talentosos, que buscaram as terras cariocas para alavancarem suas carreiras.

A propósito, quanto ao primeiro grupo, há até mesmo uma tese de doutorado na UFRJ que aborda a migração de pescadores de Alagoas para o Rio de Janeiro. Em um dos trechos da tese, a autora afirma: "apesar das possibilidades de trabalho na capital alagoana, da ampliação dos vínculos familiares e sociais, as condições aí conquistadas não foram suficientes para que as famílias permanecessem no Nordeste". Em outra passagem, ressalta que "apesar da solidariedade interna do grupo, são percebidos como 'invasores' pelos moradores mais antigos dos locais onde se estabelecem. Os migrantes sofrem com a exclusão social e o preconceito, o que se manifesta sobretudo nas dificuldades de acesso ao trabalho".[88]

Por sua vez, a respeito dos migrantes alagoanos talentosos, traz-se aqui o exemplo de Djavan (1949-), que, alguns anos após sua chegada ao Rio de Janeiro, compôs a música "Alagoas",[89] onde confessa o que o levou a deixar Maceió (cidade onde havia "três mulé prum homem só"): "mas foi beirando estrada abaixo que eu piquei a mula, disposto a colar o grau na escola da natura". Deste grupo *é* que trataremos a seguir.

No Brasil do Império, João Lins Vieira Cansanção do Sinimbu (1810-1906), o Visconde de Sinimbu, depois de ter sido Embaixador e Presidente de diversas províncias brasileiras, chega ao Rio de Janeiro para se tornar não apenas Ministro das Relações Exteriores, dos Transportes, da Agricultura, da Justiça, da Fazenda e da Guerra, mas também o Presidente do Conselho de Ministros, espécie de Primeiro-Ministro do Império brasileiro (1878-1880). Um dos maiores pensadores liberais brasileiros do século XIX, Tavares Bastos (1839-1875) chega ao Rio em 1860, para assumir sua cadeira e ter grande destaque no Parlamento. Outro alagoano que se sobressaiu no governo de Dom Pedro II foi Francisco Inácio de Carvalho Moreira (1815-1906), o Barão de Penedo, principal nome da diplomacia brasileira no Segundo Reinado. Após ter residido várias décadas no exterior, especialmente em Londres e Washington, passou os *últimos* anos de sua vida no Rio de Janeiro, onde faleceu. Quem também teve grande destaque no Rio de Janeiro do século XIX foi Ladislau Netto (1838-1894), o cientista brasileiro mais influente de sua *época,* tendo sido Diretor do Museu Nacional entre 1874 e 1893.

Na política, foi no Rio de Janeiro que Deodoro da Fonseca (1827-1892) cursou artilharia na Escola Militar entre 1843 e 1847, e, em 15 de novembro de 1889, tendo saído de sua casa no centro do Rio, próxima

---

[88] RITTER, Paula. Da favela a Alphaville: memórias de migrantes alagoanos em Jurujuba. *História Oral,* Niterói, v. 16, n. 1, p. 189-207, jan./jun. 2013.
[89] ALAGOAS. Compositor e intérprete: Djavan. Rio de Janeiro: MI-Odeon, 1978. Álbum.

à Central do Brasil, proclamou a República na Praça da Aclamação, acompanhado por uma tropa de cerca de mil militares. Ainda no Rio de Janeiro se tornou o primeiro presidente do país, entre 15 de novembro de 1889 e 23 de novembro de 1891. Lá também morre em 23 de agosto de 1892, aos 65 anos. O Consolidador da República Floriano Peixoto (1839-1895) também realizou seus estudos no Rio, para onde se mudou aos 16 anos de idade, tendo frequentado a Escola Militar da Praia Vermelha. Na cidade, exerceu os cargos de primeiro vice-presidente e de segundo presidente do Brasil (entre 23 de novembro de 1891 e 15 de novembro de 1894). Na Era Vargas, há quem afirme que o General Góis Monteiro, Ministro da Guerra (1934-1935; 1945-1946), Chefe do Estado-Maior do Exército (1937-1943) e Chefe do Estado-Maior das Forças Armadas (1951-1952), competia com o próprio Getúlio para ver quem era mais poderoso.

No campo das artes, foram diversos os alagoanos que adotaram o Rio de Janeiro, que soube retribuir, escolhendo seis deles como membros da Academia Brasileira de Letras: o poeta parnasiano Guimarães Passos (1867-1909), que integrou a primeira formação da ABL; o poeta, cronista, romancista e teatrólogo Goulart de Andrade (1881-1936), que, na disputa pela imortalidade, venceu ninguém menos que o Príncipe Dom Luís de Bragança; o dicionarista Aurélio Buarque de Holanda (1910-1989), que passou a residir no Rio de Janeiro em 1938, tendo lecionado Português e Literatura Brasileira em diversas escolas e lançado o famoso Dicionário Aurélio quando residia na cidade em 1975; o poeta Lêdo Ivo (1924-2012), que se mudou definitivamente para o Rio em 1943, onde se formou na Faculdade Nacional de Direito da Universidade do Brasil; o jurista Pontes de Miranda (1892-1979), considerado o maior nome do Direito brasileiro, que permaneceu na cidade entre 1912 e 1979, tendo residido, por várias décadas, na casa de número 1.356, na Rua Prudente de Moraes, em Ipanema; e o cineasta Cacá Diegues (1940-), que, aos seis anos de idade, mudou-se com sua família para a Cidade Maravilhosa.

A relação de literatos alagoanos que viveram no Rio de Janeiro e não fizeram parte da ABL também chama a atenção. Destaque maior para dois nomes: Graciliano Ramos (1892-1953), que morou na então capital do país entre 1914 e 1915, quando atuou no jornalismo, e entre 1936 (quando foi preso pela ditadura Vargas[90]) e 1953, quando morre;

---

[90] Foi na prisão (na Casa de Detenção da Rua Frei Caneca) que Graciliano Ramos conheceu sua conterrânea Nise da Silveira, o que será objeto de um capítulo próprio deste estudo.

e Jorge de Lima (1893-1953), que, em 1930, chegou ao Rio para exercer a medicina (seu consultório era no décimo primeiro andar do prédio Amarelinho, na Cinelândia), e se tornou Presidente da Câmara de Vereadores da Cidade Maravilhosa.

Dentre os integrantes da Roda de Maceió, círculo literário regionalista da década de 1930, além de Graciliano Ramos em 1936, Aurélio Buarque de Holanda em 1938, Jorge de Lima em 1930, foram residir no Rio de Janeiro o crítico literário Valdemar Cavalcanti (1912-1982), o ensaísta Alberto Passos Guimarães (1908-1993), o cronista Raul Lima (1911-1985), o folclorista Theo Brandão (1907-1981), o poeta Aloísio Branco (1909-1937), o poeta Carlos Paurílio (1904-1941) e a médica Lily Lages (1907-2003).

Viveram ainda no Rio de Janeiro os artistas plásticos Rosalvo Ribeiro (1865-1915) e Pierre Chalita (1930-1910); o ator Paulo Gracindo (1911-1995), que chega ao Rio no início da década de 1930 para se tornar um dos maiores atores da rádio, do teatro e da televisão brasileira; Sadi Cabral (1906-1986), pioneiro nas radionovelas; Jofre Soares (1918-1996) figura presente na cena artística carioca, especialmente no cinema e na televisão. No campo da música, além do já mencionado Djavan Caetano Viana, Augusto Calheiros (1891-1956), a Patativa do Norte, que se transfere para o Rio em 1927, o compositor José Luís Rodrigues Calazans, o Jararaca (1896-1977), que, a partir do carnaval de 1937, vê sua marchinha "Mamãe eu quero" se tornar a música brasileira mais executada no planeta; o multi-instrumentista Hermeto Pascoal, que chegou ao Rio de Janeiro em 1958; o compositor Hekel Tavares (1896-1969), que tão bem soube transitar entre o erudito e o popular, e que foi para o Rio em 1921 e lá viveu por muitas décadas; Otaviano Romero Monteiro, o Maestro Fon-fon (1908-1951), que aportou na capital carioca em 1927; o maestro Florentino Dias (?-2020), que, morando no Rio desde os nove anos, fundou a Orquestra Filarmônica do Rio de Janeiro em 1978 e permaneceu em sua regência por trinta e cinco anos.

Ainda integraram a cena cultural carioca Pedro da Costa Rego (1889-1954), que foi redator-chefe do jornal *Correio da Manhã* entre 1934 e 1954; Augusto Malta (1864-1957), fotógrafo oficial da cidade e que retratou as principais mudanças urbanísticas do Rio de Janeiro nas primeiras décadas no século XX; Oscar Tenório (1904-1979), professor de Direito Internacional e que se tornou Reitor da UERJ; Freitas Machado (1881-1955), fundador e presidente da Escola Nacional de Química; Vladimir Palmeira (1944-), principal líder estudantil brasileiro de seu tempo, tendo liderado, em 1968, a Passeata dos Cem Mil, manifestação popular contra a ditadura militar ocorrida no centro do Rio; Luiz Jatobá (1915-1982), o mais famoso timbre vocal masculino do Brasil, tendo sido um dos principais locutores do país durante várias décadas; Teotônio Vilela (1917-1983), político que chegou a cursar Direito na Cidade Maravilhosa na década de 1930; Arthur Ramos (1903-1949), colega de faculdade de Nise, que se mudou para o Rio em 1933, de onde saiu para ser o primeiro Diretor de Ciências Sociais da UNESCO.

No campo dos esportes, destaque para alguns futebolistas: Mario Jorge Lôbo Zagallo (1991-) passou a viver na capital fluminense ainda criança, tendo jogado no Flamengo e no Botafogo e treinado os quatro grandes do Rio; Edvaldo Alves de Santa Rosa, o Dida (1934-2002), campeão mundial em 1958 pela Seleção brasileira e maior *ídolo* do Flamengo até a chegada de Zico, e Ipojucan Lins de Araújo (1926-1978), quinto maior artilheiro do Vasco da Gama, tendo integrado o famoso Expresso da Vitória. Mais recentemente, até mesmo a Rainha do Futebol, Marta Vieira da Silva (1986-), deixou sua pequena Dois Riachos no sertão alagoano para começar sua carreira profissional em São Januário no ano 2000.

Não se pode esquecer que, em 1922, quando o Brasil celebrava seu primeiro centenário, saíram de Maceió com destino ao Rio de Janeiro, na jangada Independência, quatro Jangadeiros alagoanos: Umbelino José dos Santos, Joaquim Faustilino de Sant'ana, Eugênio Antônio de Oliveira e Pedro Ganhado da Silva. Noventa e oito dias e nove tempestades depois, chegaram ao Rio e foram até mesmo recebidos pelo presidente Arthur Bernardes no palácio do Catete.

Neste cenário em que o Rio de Janeiro parecia ser a terra prometida, e onde Pajuçara tinha muitos encontros com Copacabana, Nise da Silveira chegou em 1927, após a sua formatura em Salvador e a morte inesperada de seu pai em Maceió.

Ao lado de seu primo e namorado Mário Magalhães da Silveira, passa os primeiros dias no Rio em uma pensão em Copacabana. Todavia, como o dinheiro era pouco, logo se mudaram para o bairro de Santa Teresa: primeiramente, para um quarto de pensão de Dona Tina, número 19, da Rua do Curvelo, e, em seguida, na mesma rua, no número 56, passaram a alugar um quarto de um "belo casarão com varanda em toda a lateral. O jovem casal alugava o primeiro quarto, com janelas que davam para a rua, abrindo-se para a baía de Guanabara".[91]

---

[91] POMPEU E SILVA, José Otávio Motta. *A arte na terapia ocupacional de Nise da Silveira*. In: POMPEU E SILVA, José Otávio Motta (org.). *Nise da Silveira*. Rio de Janeiro: Fundação

As dificuldades encontradas por Nise ao chegar ao Rio de Janeiro foram por ela assim relatadas:

> Eu não aguentaria a total de mudança de vida depois da morte de meu pai, um mês após a minha formatura, e nem o grande bem querer a Maceió. Viajei para o Rio. As tentativas de aí arranjar trabalho fracassaram. Com o pouco dinheiro que me restava da venda de joias, aluguei um pequeno quarto no Curvelo, Santa Teresa, quarto modesto, mas de onde eu gozava de paisagem maravilhosa.[92]

Apesar das limitações financeiras que experimentou nos primeiros anos na então capital do país, Nise reconhecia aspectos positivos desta *época,* como ter vizinhos com os quais passou a ter uma *íntima* amizade. Com muita sabedoria, conseguiu se adaptar às mudanças pelas quais passou:

> Rua pobre. Tive, porém, a sorte de aí encontrar vizinhos extraordinários. De um lado, a família do líder comunista, muito culto, Octávio Brandão, e, do outro, a bondosíssima Zoila Teixeira e filhas. Fiz estreita amizade com esses vizinhos e aprendi depressa que se pode ser feliz mesmo levando vida modesta, diversíssima da vida que eu levava em Maceió, na nossa grande casa no bairro de Bebedouro. Para enriquecer ainda mais essa rua, morava ali o poeta Manuel Bandeira.[93]

Se Nise teve em Salvador a possibilidade de conviver com diversos colegas de Alagoas, com os quais estudou desde os exames de admissão até sua formatura em Medicina, no Rio de Janeiro, foi o acaso que falou mais alto e a levou a encontrar alguns de seus conterrâneos. Como exemplos, em 1936 conheceria o escritor Graciliano Ramos (1892-1953) na prisão, e em 1927, seria vizinha de Octávio Brandão (1896-1980), filho de uma família tradicional de Viçosa-AL, mas que abriu mão dos bens materiais para se tornar precursor do comunismo, da ecologia, da defesa do petróleo e da reforma agrária no país:

Miguel de Cervantes, 2013. (Coleção Memória do Saber), 2013, p. 61.
[92] MELLO, Luiz Carlos. *Nise da Silveira*: caminhos de uma psiquiatra rebelde. Rio de Janeiro: Automatica, 2014, p. 61.
[93] MELLO, Luiz Carlos. *Nise da Silveira*: caminhos de uma psiquiatra rebelde. Rio de Janeiro: Automatica, 2014, p. 61.

Embora alagoana como Octávio, só vim conhecê-lo no Curvelo, Santa Teresa, onde habitava com sua família numa casa que era quase uma choupana. A família habitava o nº 11, e eu aluguei um quarto no nº 19. Eram dois vizinhos. Logo que soube ser tão próximo de um conterrâneo, fui visitá-lo. Laura abriu-me a porta e, como a desculpar-se daquela pobreza, disse-me: entra, vê como são lindas as caminhas das crianças. Quando Octávio chegava, às vezes de longas ausências, Laura o recebia, sempre alegre, e recitava poesias que ela compusera para ele. Nunca ouvi recriminações naquela pobre casa.[94]

Ainda sobre o amigo, no ano do centenário de seu nascimento, ela escreveu: "seja qual for a orientação política que vocês adotem, não será possível, honestamente, deixar de reconhecer que estamos diante da caminhada de um herói, vergonhosamente desconhecido no nosso país".[95]

Nise relata ainda que foi, por intermédio de Octávio Brandão, que passou a diversificar seus gostos literários: "com a biblioteca de Octávio colocada no alto de um armário, subindo em bancos, tomei contato com a obra de Nietzsche e Tolstói, livros sobre a *Índia* e muitos outros".[96] A propósito, é importante aqui registrar a profunda relação de Nise da Silveira com os livros:

> Descobriu-se apaixonada por livros. Gostava de possuí-los e, para tal, fazia de seu programa de vida frequentar livrarias, como a antiga Jose Olympio, a Leonardo da Vinci e a Francisco Laissue. Como livresca, os livros eram seus objetos de desejo. Em algumas ocasiões em que o dinheiro andava curto, Nise usava a seguinte artimanha ao se interessar por algum livro raro: pedia a seu amigo Marco Moreira, que era alto e tinha longos braços, que "escondesse" o livro na última prateleira, evitando que ele fosse visto e vendido, até que no mês seguinte pudesse voltar lá para adquiri-lo. Em outra ocasião, descobriu um livro raro que só existia em Londres. Contactou o livreiro, dono da Livraria Sete Cães Farejadores, e este lhe enviou a preciosidade.[97]

---

[94] MELLO, Luiz Carlos. *Nise da Silveira*: caminhos de uma psiquiatra rebelde. Rio de Janeiro: Automatica, 2014, p. 62.
[95] SILVEIRA, Nise da. Octávio Brandão. In: POMPEU E SILVA, José Otávio Motta (org.). *Nise da Silveira*. Rio de Janeiro: Fundação Miguel de Cervantes, 2013. (Coleção Memória do Saber), p 311.
[96] MELLO, Luiz Carlos. *Nise da Silveira*: caminhos de uma psiquiatra rebelde. Rio de Janeiro: Automatica, 2014, p. 62.
[97] KUMMER, Dídimo Otto. *Nise*: abecedário de uma libertadora. Maceió: Catavento, 2004, p. 30.

Devido às atividades exercidas por Octávio, uma das principais lideranças comunistas do país, o convívio de Nise com a família Brandão duraria apenas alguns anos. Ora na legalidade, ora na clandestinidade, Octávio Brandão, depois de ter sido preso quinze vezes, por decisão de Getúlio Vargas, em 1931, foi deportado do Brasil para a Alemanha, tendo depois ido com a família[98] viver em Moscou, onde permaneceram entre 1931 e 1946, tempo em que fez de tudo: foi jornalista, redator, tradutor, estudou russo, tomou parte na "construção do socialismo" no terreno cultural, trabalhou em serviços braçais de forma voluntária, como na construção do metrô de Moscou, visitou o túmulo de Lênin (seu *ídolo)*, trabalhou durante oito anos como locutor de rádio, onde tinha um programa em português, fez parte da Internacional Comunista, e, viajando pela Europa durante a Segunda Guerra Mundial, tentou salvar Olga Benário das garras do nazismo (tendo conseguido livrar da morte a pequena Anita, a filha da presa política e esposa de Luís Carlos Prestes). Octávio Brandão é um personagem ímpar, "cuja vida agitada ofereceria um farto material para o roteiro de um grande romance ou filme".[99]

Nise, que, em 18 de junho de 1931, demonstrou sua coragem e lealdade ao ir ao cais do porto (e até mesmo ao interior do navio) para se despedir de seus amigos queridos, expulsos do país pelo regime autoritário de Vargas, não chegou a se converter ao comunismo devido ao convívio com o casal. Neste sentido, "apesar de sua amizade com Octávio e Laura Brandão, Nise era, até então, apenas simpatizante das ideias comunistas, não tendo estabelecido, até sua ida à conferência de Castro Rebelo, nenhum vínculo com o Partido".[100]

Nise compareceu a este evento atendendo ao convite de outro militante comunista, Hyder Corrêa Lima. Curiosamente, na conferência de Castro Rebelo, o "conhecido ativista da esquerda discorreu sobre

---

[98] Ao ser deportado, Octávio Brandão leva sua família: a esposa Laura (que falece em 1942), e as filhas Sattva (9 anos), Vólia (8 anos) e Dionysia (6 anos incompletos). Quando Nise faleceu, Dionysa escreveu: "Quando veio de Alagoas, foi morar em Santa Teresa, na Rua do Curvelo, onde já morava a minha família. Minha mãe e Nise tornaram-se amigas. Uma tinha admiração pela outra. Nise estava sempre disposta e, quando havia necessidade, ficava com as três filhas de Laura, e frequentemente dava banho em mim, a caçula" (BRANDÃO, Dionysa. Alegria. *Quaternio – Revista do Grupo de Estudos C. G. Jung*, Homenagem Nise da Silveira, Rio de Janeiro, n. 8, p. 86-87, 2001, p. 86).
[99] CARVALHO, Fábio Lins de Lessa. *Atrevidos Caetés*: 50 encontros entre alagoanos & personalidades mundiais. Maceió: Viva, 2020, p. 120
[100] MELLO, Luiz Carlos. *Nise da Silveira*: caminhos de uma psiquiatra rebelde. Rio de Janeiro: Automatica, 2014, p. 65.

Direito Marítimo, o que logo levaria a médica alagoana a ler Marx".[101] Nise se recorda deste momento:

> Um dia fui jantar com um amigo no restaurante Reis, no centro da cidade, na Almirante Barroso... Eram pratos enormes. Eu costumava comer metade de um frango com arroz, que custava 1.500 réis. Quem jantou comigo foi o Hyder Corrêa Lima, um cearense, que entendeu de me levar a uma conferência do Castro Rebelo,[102] aquela noite sobre Direito Marítimo. Eu disse que preferia ir ao cinema. Direito Marítimo não me interessava absolutamente. Mas ele insistiu tanto que eu terminei indo. O Castro Rebelo seria um grande ator, ele gesticulava, entonava a voz...Mostrou a influência do capitalismo sobre o Direito Marítimo de modo tão convincente que eu me bandeei para a esquerda em defesa do Direito Marítimo. Assim, fiquei ligada a esse grupo, constituído na maioria de nortistas, hostilizando o grupo do Tristão.[103]

Sobre estas novas influências intelectuais, "Nise começou a estudar Marx e a frequentar reuniões do Partido Comunista Brasileiro, com a amiga Lya Cavalcanti, das quais participou, porém, por pouco tempo, pois não era de sua *índole* ater-se a qualquer enquadramento ideológico".[104]

Importante registrar que Nise, nos tempos de Santa Teresa, também se tornou amiga dos poetas Ribeiro Couto e Manuel Bandeira, que formavam com ela a "Trinca do Curvelo". "A amizade entre eles era tão intensa e afetuosa que resultou num livro com tal título, escrito por *Élvia* Bezerra e publicado em 20.12.1995".[105] Nise conta como conheceu o poeta pernambucano:

---

[101] SANT'ANA, Moacir Medeiros. Nise da Silveira, a reinvenção da psiquiatria. *Quaternio – Revista do Grupo de Estudos C. G. Jung*, Homenagem Nise da Silveira, Rio de Janeiro, n. 8, p. 207-218, 2001, p. 210.

[102] Edgardo de Castro Rebello nasceu em de Salvador, Bahia, em 11 de janeiro de 1884, e faleceu no Rio de Janeiro, em 24 de novembro de 1970. Bacharelou-se em Ciências Jurídicas e Sociais pela Faculdade de Direito do Rio de Janeiro (1907). "Socialista convicto e atuante, Edgardo de Castro Rebello é considerado uma das figuras mais expressivas da intelectualidade brasileira no século XX, por suas ideias avançadas sobre a revisão da estrutura do Estado e a construção de uma sociedade mais justa" (Trecho da bibliografia no *site* da Academia Brasileira de Direito do Trabalho. Disponível em: https://andt.org.br/academicos/edgardo-de-castro-rebello/. Acesso em: 03 fev. 2023).

[103] GULLAR, Ferreira. *Nise da Silveira*: uma psiquiatra rebelde. Rio de Janeiro: Relume Dumará, 1996. (Perfis do Rio), p. 40.

[104] MELLO, Luiz Carlos. *Nise da Silveira*: caminhos de uma psiquiatra rebelde. Rio de Janeiro: Automatica, 2014, p. 67.

[105] KUMMER, Dídimo Otto. *Nise*: abecedário de uma libertadora. Maceió: Catavento, 2004, p. 155.

> Eu conheci Manuel Bandeira no Curvelo, em Santa Teresa. Ele morava em frente à minha janela. Era um quartinho pequeno, mas com uma vista maravilhosa! Eu o via passar, entrar em casa, mas nunca tinha falado com ele – cumprimentava-o, de longe, de vez em quando. O poeta era uma pessoa muito reservada. Naquela época, devia ter uns 40 e poucos anos. Certo dia, alguém chegou à procura dele e começou a tocar a campainha incessantemente. Tocava, tocava... Com certeza, mais um admirador inconveniente, querendo visitá-lo. Ele não atendia, geralmente não gostava de receber ninguém. Eu, então, diante da insistência do visitante, apareci na janela e disse: "O senhor está procurando por Manuel Bandeira?" O homem respondeu que sim. "Ele saiu", informei com ênfase de obviedade e firmeza. Assim, a pessoa foi embora e o deixou em paz. Mas o melhor estava por vir... No dia seguinte, alguém tocou a campainha lá de casa e, quando abri a porta, era Manuel Bandeira – em pessoa! Fiquei surpresa... Ele queria me agradecer por ter despachado a tal visita indesejada. A partir de então, nos tornamos amigos, e, ocasionalmente, conversávamos.[106]

Também foi nos tempos de Santa Teresa que Nise conheceu outra grande mulher: a escritora cearense Rachel de Queiroz. Esta falou de Nise a seu amigo Graciliano Ramos, que, ao conhecer a médica na prisão em 1936, recordava das referências dadas por Rachel: "Sabia-a culta e boa. Rachel de Queiroz me afirmara a grandeza daquela pessoinha tímida, sempre a esquivar-se, a reduzir-se, como a escusar-se a tomar espaço".[107]

Rachel de Queiroz, Octávio e Laura Brandão, Manuel Bandeira, Zoila Teixeira, dentre outras pessoas que ficaram marcadas na existência de Nise da Silveira, foram amizades que surgiram nos primeiros anos vividos no Rio de Janeiro.

Nesse tempo, Nise procurou cursar a especialidade médica que havia escolhido. Embora não conseguisse encontrar emprego na área de psiquiatria, viu uma primeira oportunidade na neurologia e a agarrou, ao trabalhar, como voluntária (numa espécie de "estágio não remunerado"), com o professor Antônio Austregésilo:

> Ele era catedrático de neurologia e tinha também uma clínica. Eu frequentava a clínica, não ganhava nada, mas aprendia. Ali trabalhavam os assistentes do Austregésilo: Colares Moreira, Costa Rodrigues e

---

[106] HORTA, Bernardo Carneiro. *Nise, arqueóloga dos mares*. 2. ed. Rio de Janeiro: Aeroplano, 2009, p. 138.
[107] RAMOS, Graciliano. *Memórias do cárcere*. 51. ed. Rio de Janeiro; São Paulo: Record, 2020, p. 191.

também muitos estudantes que queriam ganhar prática. Eles queriam ser neurologistas, e eu me meti no meio deles e fiz amigos aí. Desse modo, eu estudei neurologia, fiz alguns trabalhos.[108]

A respeito deste período, ela conta ainda que "como a clínica neurológica se limitava por dentro com o hospital psiquiátrico, nós saíamos e *íamos* almoçar no hospício", e que "nesse período eu acabei indo morar no hospital, pois o professor Austregésilo que conseguiu do Diretor que eu ficasse morando no próprio hospício. Aí sim foi ter o primeiro contato com o dito louco".[109]

Também nessa época passa a escrever artigos, que foram publicados em jornais do Rio de Janeiro (*A Manhã*) e de Maceió (*Jornal Alagoas*, de seu tio Luís Silveira).

No final de sua vida, Nise se recordava com emoção dos tempos de Santa Teresa:

> Há dias em que me lembro dos amigos que fiz no Curvelo... Atualmente, evito ir a Santa Teresa, porque me emociono muito. Você sabe, a família de Zoila Teixeira residia em um andar abaixo do apartamento de Manuel Bandeira. Eu a conheci numa fase difícil da minha vida, tinha acabado de chegar ao Rio, estava desempregada... É difícil uma pessoa jovem achar trabalho, todos nós sabemos disso. Como eu não tinha dinheiro pra nada, almoçava com a família de Zoila quase diariamente. Foi a minha salvação – do contrário, não teria o que comer. A sala, a mesa de jantar... Não me esqueço.[110]

Nise demonstra assim toda sua capacidade de adaptação. Esta característica *é* por ela própria admitida: "sempre tive muita facilidade em me adaptar. É uma coisa que me surpreende. Eu saí daqui, fui pra Europa, só, não senti estrangeira um só minuto. São seres humanos".[111]

---

[108] GULLAR, Ferreira. *Nise da Silveira*: uma psiquiatra rebelde. Rio de Janeiro: Relume Dumará, 1996. (Perfis do Rio), p. 38.
[109] GULLAR, Ferreira. *Nise da Silveira*: uma psiquiatra rebelde. Rio de Janeiro: Relume Dumará, 1996. (Perfis do Rio), p. 46.
[110] HORTA, Bernardo Carneiro. *Nise, arqueóloga dos mares*. 2. ed. Rio de Janeiro: Aeroplano, 2009, p. 142.
[111] POMPEU E SILVA, José Otávio Motta. *A arte na terapia ocupacional de Nise da Silveira*. In: POMPEU E SILVA, José Otávio Motta (org.). *Nise da Silveira*. Rio de Janeiro: Fundação Miguel de Cervantes, 2013. (Coleção Memória do Saber), p. 59.

CAPÍTULO 4

VOCAÇÃO

INGRESSO NO SERVIÇO PÚBLICO

Depois de trabalhar algum tempo na área de neurologia com o professor Antônio Austregésilo para adquirir experiência profissional, Nise da Silveira viu surgir uma oportunidade então rara na realidade brasileira: a possibilidade de disputar uma vaga no serviço público, a partir da realização de um concurso. Nise narra:

> foi então que correu a notícia de que ia haver um concurso para médico psiquiatra [...] Eu disse para mim: não posso me inscrever nesse concurso porque vai ser daqui a um mês e não terei tempo para me preparar. Mas o professor Austregésilo, que gostava muito de mim, foi lá e me inscreveu por decisão dele. "Você está inscrita e agora tem que fazer o concurso", me disse ele. O velho era assim. Eu fiz o concurso. Estudei como uma fera. Mas tem aí uma coisa muito importante: nesse período em que me preparei para o concurso, fui morar no hospício.[112]

Ainda sobre a realização do concurso público federal para médico psiquiatra, Nise recordava que, após a insistência de seu professor para que ela fizesse a prova, teria afirmado que seria reprovada, pois não estava preparada. "O velho me falou: 'Está preparada, sim – e têm um mês pela frente, pra estudar. Se vira'".[113]

Para esclarecer melhor a ordem cronológica dos acontecimentos, o biógrafo Luiz Carlos Mello revela que, em 10 de outubro de 1932, Nise

---

[112] GULLAR, Ferreira. *Nise da Silveira*: uma psiquiatra rebelde. Rio de Janeiro: Relume Dumará, 1996. (Perfis do Rio), p. 38.
[113] HORTA, Bernardo Carneiro. *Nise, arqueóloga dos mares*. 2. ed. Rio de Janeiro: Aeroplano, 2009, p. 151.

é nomeada auxiliar do Pavilhão da Clínica Neuriátrica da Faculdade Nacional de Medicina da Universidade do Brasil, onde permanece até o dia 30 de junho de 1933. E que em 27 de abril de 1933, "é aprovada no concurso e designada para médica psiquiatra da antiga Assistência a Psicopatas e Profilaxia Mental",[114] que depois passa a ser chamada de Divisão Nacional de Saúde Mental.

Mas, como a própria Nise destacou, antes de ingressar no hospício da Praia Vermelha como médica psiquiatra aprovada no concurso, ela lá foi acolhida pelo professor Austregésilo como médica residente. "Nesse tempo, o refúgio de estudantes e médicos pobres era o Hospital da Praia Vermelha", esclarece a médica alagoana. "Desde que não era possível instalar-me, única mulher, na casa dos internos daquele hospital, fui instalada então em quarto de frente para o mar, no Hospital de Alienados, seção Morel, funcionalmente em corredor fora das enfermarias. [...] Alimentava-me mal, vestia-me mal. Mas estas coisas nunca me afetaram muito".[115]

Ainda sobre este período, "aquele era o ano de 1933, quando Nise de mudou para o Hospício da Praia Vermelha, com o objetivo de se preparar para o concurso de psiquiatras. Tal mudança de Santa Teresa para Urca se deu algum tempo antes dos exames. Após ser aprovada, continuou residindo ali, com status de médica-residente".[116]

No hospital, onde anos antes ficara internado o escritor Lima Barreto, Nise convivia com os internos e estudava para o concurso. Ela reconhecia a relevância desta imersão na psiquiatria, ressaltando ter cursado várias "academias" durante a vida, além da faculdade de Medicina em Salvador: a do luxo (referindo-se à infância e adolescência com fartura em Maceió), a de Santa Teresa (lembrando as dificuldades dos primeiros anos no Rio de Janeiro), a da clínica de neurologia e a do hospício da Praia Vermelha. "Em 1933 eu fiz o concurso para médico psiquiatra e fui aprovada. Alguns dos rapazes que estagiavam no hospital do Autregésilo também passaram no concurso. Aí eu comecei a trabalhar no hospital da Praia Vermelha".[117]

---

[114] MELLO, Luiz Carlos. *Nise da Silveira*: caminhos de uma psiquiatra rebelde. Rio de Janeiro: Automatica, 2014, p. 313.
[115] MELLO, Luiz Carlos. *Nise da Silveira*: caminhos de uma psiquiatra rebelde. Rio de Janeiro: Automatica, 2014, p. 69.
[116] HORTA, Bernardo Carneiro. *Nise, arqueóloga dos mares*. 2. ed. Rio de Janeiro: Aeroplano, 2009, p. 151.
[117] GULLAR, Ferreira. *Nise da Silveira*: uma psiquiatra rebelde. Rio de Janeiro: Relume Dumará, 1996. (Perfis do Rio), p. 41.

A médica alagoana recorda que foi neste período que passou a discordar dos livros e a se deixar levar por sua percepção da realidade. "Nos livros, lia-se que os esquizofrênicos não possuíam afetividade. Comecei a desconfiar dos livros. Morando no hospício, compreendi que não havia nada disto. Eles possuem afetividade, o problema é como vir à tona".[118] Também afirmou em entrevista que não concordava com os livros, porque ela via a realidade dos doentes mentais e a partir daí percebia que "os médicos da psiquiatria convencional, oficial, não estavam certos. Eram rígidos e partiam de princípios errados".[119]

Em outro momento, Nise reconhecera a necessidade de o conhecimento ser adquirido nas mais diversas fontes: "aprendi mais com a literatura do que com os tratados de psiquiatria. Um conto de Machado de Assis, "Missa do Galo", exprime com mais clareza e sutileza as coisas do que um psiquiatra. Aprende-se mais com Machado de Assis sobre a natureza humana do que em livros de psicologia".[120]

Ademais, se durante a formação escolar e acadêmica a jovem médica obteve uma sólida formação teórica, foi somente neste período em que viveu no hospício da Praia Vermelha que Nise passou a, conhecendo a realidade de perto, apresentar suas primeiras grandes discordâncias com aquilo que aprendia no ambiente acadêmico:

> Inicialmente, estava animada para assistir às aulas, com os psiquiatras do hospital. Seria aluna do doutor e professor catedrático Henrique Roxo. Mas, logo na primeira aula, me decepcionei e nunca mais apareci. Eu esperava outra coisa... Primeiramente, me incomodou terrivelmente o fato de os doentes serem expostos de forma fria, distanciada. Sentia que o interno não podia ser aquilo que estava sendo descrito ou mesmo mostrado. Além do mais, estranhei o ambiente acadêmico e os hábitos daquela categoria profissional. Então, morando lá dentro, comecei a ver, na prática, que o que acontecia no hospício era bem diferente do que se ensinava nas aulas de psiquiatria... Comecei a questionar. À tarde, eu visitava as enfermarias, e fui concluindo que a prática médica, no dia a dia, me ensinava muito mais do que professores, livros e teses.[121]

---

[118] MELLO, Luiz Carlos. *Nise da Silveira*: caminhos de uma psiquiatra rebelde. Rio de Janeiro: Automatica, 2014, p. 70.
[119] MELLO, Luiz Carlos. *Nise da Silveira*: caminhos de uma psiquiatra rebelde. Rio de Janeiro: Automatica, 2014, p. 70.
[120] FERREIRA, Martha Pires (org.). *Senhoras das imagens internas*: escritos dispersos de Nise da Silveira. Rio de Janeiro: Cadernos da Biblioteca Nacional, 2008, p. 322.
[121] HORTA, Bernardo Carneiro. *Nise, arqueóloga dos mares*. 2. ed. Rio de Janeiro: Aeroplano, 2009, p. 153.

Nise demonstrou que estava preparada para ingressar no serviço público: tinha conhecimentos teóricos aprofundados, seja sob o aspecto mais generalista (oriundo de uma boa erudição adquirida desde a infância), seja sob o aspecto mais especialista (formação na área médica e, com destaque, na psiquiatria); e tinha adquirido a tão necessária experiência da realidade sob a qual teria que intervir.

Na Administração Pública Federal, Nise da Silveira permaneceria de 27 de abril de 1933 até sua aposentadoria, em 14 de julho de 1975. Nestas mais de quatro décadas, Nise se dedicaria integralmente à saúde mental de milhares de pessoas (especialmente indigentes) incompreendidas (e muitas vezes abandonadas) pela família e pela sociedade.

Aos oitenta e um anos, em entrevista concedida ao cineasta Leon Hirszman, a médica alagoana afirmou com todas as letras: "As atividades privadas nunca me atraíram. Sinto-me visceralmente amarrada ao serviço público".[122]

O escritor Arthur da Távola, que foi amigo de Nise da Silveira por muitos anos e assíduo frequentador do Grupo de Estudos C. G. Jung, reconhecia a vocação da médica alagoana para o serviço público: "Nise exação em pessoa como servidora pública exemplar, para quem servir era o único escopo da atividade". Para o ex-presidente da Casa das Palmeiras, Nise era:

> [...] mãe geral de um Brasil menino e enfermo, pobre e desvalido. Obreira da grandeza civil, desbravadora dos continentes internos, antropóloga das profundezas. Nise asceta, seiva viva, anciã de todas as juventudes, jovem de todas as eras. Nise pássaro, graúna azul, olhar raio x, aguda percepção da falsidade alheia tanto quanto da verdade e do bem igualmente moradores na alma do ser. Nise áspera se necessária e seixo de rio sempre que encontrava alma irmã. Nise Brasil, Nise elo de gerações, marca da capacidade humana de ser, crescer, criar, ousar, aventurar-se no caminho maior da entrega da vida ao bem da humanidade.[123]

---

[122] Depoimento de Nise da Silveira retirado de NISE da Silveira – Posfácio: Imagens do Inconsciente. Documentário de Leon Hirszman. [S. l: s. n.], 1986-2014. Entrevista feita em 15 e 19 de abril de 1986. 1 vídeo (1:20:28). Disponível em: https://youtu.be/EDg0zjMe4nA. Acesso em: 25 fev. 2023. (trecho citado: a partir de 42 minutos e 31 segundos).

[123] TÁVOLA, Arthur da. Nise da Silveira. *Quaternio – Revista do Grupo de Estudos C. G. Jung*, Homenagem Nise da Silveira, Rio de Janeiro, n. 8, p. 66, 2001, p. 66.

Na verdade, Nise dedicou toda sua vida a servir o interesse público, seja na Administração Pública, seja em entidades sem fins lucrativos. Neste contexto, já se destacou que "Nise da Silveira não tem clínica particular: ela dedica todo o seu trabalho à terapêutica ocupacional do Centro Psiquiátrico (federal) e da Casa das Palmeiras, sociedade beneficente que vive do que os doentes podem pagar, das contribuições dos sócios e das festinhas que ela mesma organiza. A Casa é parcialmente administrada pelos doentes".[124]

Como uma disciplina franciscana, Nise seguia sua rotina de trabalho com obstinação, conforme a própria narrava: "há no meu temperamento essa fúria. Quando eu quero uma coisa, eu insisto. Todo o dia, sem falta, eu levantava cedo, pegava o ônibus e ia trabalhar em Engenho de Dentro. Todo dia, todo dia... Nada me tirava daquele caminho".[125]

Sua indiscutível vocação ao serviço público (no sentido mais amplo da expressão) a fazia, deste, uma defensora incansável e implacável. Neste sentido, "a tônica de seu serviço foi de grande compaixão humana ancorada na cultura, contribuição especial para a psiquiatria brasileira e para a psiquiatria mundial, sem dúvidas. Pessoa cheia de afeto e coragem ímpar, sempre cobrou com firmeza o descaso e a inoperância dos órgãos do poder público no que diz respeito à saúde mental".[126]

Nise era uma crítica enfática não apenas das mazelas administrativas que estavam sob a responsabilidade do Estado, mas também da própria classe médica:

> A comunidade médica é corresponsável por esse estado de coisas. As pessoas têm tendência a atribuir a culpa ao Estado. Mas o Estado não está convivendo diariamente com essas pessoas sensibilíssimas. O problema é que os médicos acham que sabem tudo. Perderam a capacidade de se espantar, de buscar o desconhecido, não ficam mais embatucados. A universidade emburrece [...] A psiquiatria já foi melhor do que é hoje. Quando José Clemente Pereira, ministro do Império, criou o antigo hospital da Praia Vermelha, em meados do século passado,

---

[124] Trecho retirado da abertura, escrita pelos editores, do artigo SILVEIRA, Nise da. Minha vida na Casa da Solidão. Artigo publicado na Revista Manchete em 10 de junho de 1967. In: FERREIRA, Martha Pires (org.). *Senhoras das imagens internas*: escritos dispersos de Nise da Silveira. Rio de Janeiro: Cadernos da Biblioteca Nacional, 2008.

[125] FERREIRA, Martha Pires (org.). *Senhoras das imagens internas*: escritos dispersos de Nise da Silveira. Rio de Janeiro: Cadernos da Biblioteca Nacional, 2008, p. 329.

[126] FERREIRA, Martha Pires (org.). *Senhoras das imagens internas*: escritos dispersos de Nise da Silveira. Rio de Janeiro: Cadernos da Biblioteca Nacional, 2008, p. 339.

mandou instrumentos de música para os internos, dizendo "para que eles se distraiam e, talvez, se curem". O diretor do hospital foi mandado estagiar em Paris com Pinel e trouxe enfermeiras para trabalhar.[127]

O hospício, a repartição pública onde Nise da Silveira trabalhou a vida inteira, além de ser marcado pelas "cores da opressão, da discriminação, do preconceito e da superexploração política, social e econômica" também "é o reino dos homens tristes". Maria Ignez Duque Estrada destaca ainda que:

> [...] nele, loucos e terapeutas partilham um destino semelhante. Isolados do trabalho, da invenção, dos feitos e ações criadoras, erras como robôs tontos. Quem conhece, sabe o gosto. Ali tudo fede a violência, promiscuidade, sordidez e agonia. Dra. Nise, com suas imagens e seu trabalho, desafiou esta triste psiquiatria. Mostrou que a arrogância de saberes fúteis é um esquife de luxo onde muitos enterram as vidas ou as esperanças.[128]

Em 1933, quando foi admitida no serviço público, Nise não poderia adivinhar que, três anos depois, por ironia do destino, o governo de Getúlio Vargas, um dos grandes responsáveis pela adoção dos concursos públicos na Administração Pública Federal brasileira, seria responsável por sua prisão arbitrária:

> Duas medidas são instituídas nos anos 30 e passam a vigorar por todo o século XX até os dias atuais: o concurso público como forma de admissão e a estabilidade aos funcionários públicos. Valendo-se das pressões pela modernização do aparato burocrático e pretendendo centralizar o poder administrativo, o governo de Vargas precisava constituir um quadro de funcionários independente e sem laços com as elites regionais, além de garantir que não sofresse pressões internas da casta burocrática, com vínculos e interesses específicos. O concurso público e a estabilidade, então, visam superar esses entraves e serão pilares de sustentação da reforma administrativa implementada a partir dos anos 1930.[129]

---

[127] DUQUE ESTRADA, Maria Ignez. Nise da Silveira (1905-1999). *Revista Ciência Hoje*, Rio de Janeiro, p. 21-28, ago. 1987. In: POMPEU E SILVA, José Otávio Motta (org.). *Nise da Silveira*. Rio de Janeiro: Fundação Miguel de Cervantes, 2013. (Coleção Memória do Saber), p. 430.

[128] DUQUE ESTRADA, Maria Ignez. Nise da Silveira (1905-1999). *Revista Ciência Hoje*, Rio de Janeiro, p. 21-28, ago. 1987. In: POMPEU E SILVA, José Otávio Motta (org.). *Nise da Silveira*. Rio de Janeiro: Fundação Miguel de Cervantes, 2013. (Coleção Memória do Saber), p. 419.

[129] MAIA, Bóris. A institucionalização do concurso público no Brasil: uma análise sócio-histórica. *Revista do Serviço Público – RSP*, Brasília, v. 72, n. 3, p. 663-684, jul./set. 2021, p. 670.

Embora desde a Constituição do Império (1824) já se estabelecesse que "todo o cidadão pode ser admitido aos Cargos Públicos Civis, Políticos ou Militares, sem outra diferença, que não seja a dos seus talentos, e virtudes" (art. 179, XIV), o que também foi previsto na primeira Constituição republicana (1891), que definiu que "os cargos públicos, civis ou militares, são acessíveis a todos os brasileiros, observadas as condições de capacidade especial, que a lei estatuir" (art. 73), somente com a Constituição de 1934, foi introduzida a figura do concurso público no ordenamento constitucional brasileiro, ao se exigir que "a primeira investidura nos postos de carreira das repartições administrativas, e nos demais que a lei determinar, efetuar-se-á depois de exame de sanidade e concurso de provas ou títulos" (art. 170. 2º).

Impressiona o fato de que o concurso público a que Nise da Silveira se submeteu e foi aprovada era até mesmo anterior à Constituição de 1934. Provavelmente, se o provimento do cargo em questão não dependesse de um procedimento administrativo impessoal, as chances de Nise seriam bastante reduzidas, uma vez que era mulher, uma jovem de vinte e oito anos, nordestina, com ideias progressistas, e sem relações com o poder constituído.

Em outra oportunidade, já havíamos destacado que:

> o acesso à função pública através do mérito e da capacidade apresenta distintas vantagens, sendo a sociedade sua principal beneficiária, já que passará a contar com servidores qualificados para servi-la. As consequências diretas da seleção meritória são muitas, o que faz com que a enumeração das mais relevantes ostente um caráter meramente exemplificativo. Destaque-se as seguintes vantagens do acesso via concurso público: a) a valorização da função pública pela sociedade, já que os selecionados, depois de um difícil procedimento de seleção, caracterizado por uma concorrência muito intensa, passarão a contar com a admiração social; b) a estima que o candidato/servidor selecionado terá por sua atividade, que costuma ser o resultado de muitos anos de dedicação e esforço; c) a possibilidade mais ampla de seleção de candidatos aptos, o que pode ser relativo, se o procedimento seletivo não observar determinadas condições; d) o maior estímulo à participação cidadã, uma vez que aquele que tenha interesse em influenciar os destinos da sociedade possa fazê-lo na condição de servidor público; e) o respeito à igualdade de oportunidades para todos, tendo em vista que o princípio geral é o da ampla acessibilidade à função pública; f) a maior independência do servidor devido a sua não vinculação com a

classe política; e g) a maior resistência às tentações da corrupção, devido a muitos dos fatores anteriores, que passarão a ser analisados.[130]

Ademais, conforme registra com maestria a professora e ministra do Supremo Tribunal Federal Cármen Lúcia Antunes Rocha:

> O servidor público participa da relação trabalhista pública na condição de profissional. Mas não apenas. O servidor público cumpre um papel cidadão na condução da coisa pública em cujo desempenho lhe é dado trabalhar. Por isso, diversamente do trabalhador privado ou autônomo, ele detém uma dupla condição jurídica: a de cidadão componente da estrutura orgânica da entidade política estatal (e então ele é parte do Estado, participa do Estado na condição de um dos agentes que o compõem) e a de trabalhador (e então ele é um profissional buscando realizar o seu ofício numa situação de membro da sociedade procurando a sua realização pessoal).[131]

Nise da Silveira, verdadeiramente vocacionada para o serviço público, exerceu por várias décadas seu cargo de médico psiquiatra levando em consideração as duas dimensões destacadas pela ministra Cármen Lúcia: era uma trabalhadora devotada ao serviço e tinha plena consciência de seu papel cidadão ao realizar suas funções.

---

[130] CARVALHO, Fábio Lins de Lessa. *Acceso igualitario a la función pública:* consideraciones sobre el modelo español de selección de los funcionarios. Curitiba: Juruá Internacional, 2011, p. 102.
[131] ROCHA, Cármen Lúcia Antunes. *Princípios constitucionais dos servidores públicos*. São Paulo: Saraiva, 1999, p. 79.

CAPÍTULO 5

PERSEGUIÇÃO

A PRISÃO DE NISE

Em 1936, o Brasil vivia um período bastante tumultuado sob o aspecto político: o governo de Getúlio Vargas passava a sofrer fortes contestações, especialmente vindas dos militares que tinham influência da ideologia comunista. Em cidades como Natal, Recife e Rio de Janeiro, entre 23 e 25 de novembro de 1935, foram realizados levantes de caráter revolucionário e conduzidos por integrantes do Exército.

Era a chamada Intentona Comunista (também intitulada Revolta Comunista de 35, Levante Comunista ou Revolta Vermelha de 35), conduzida pela Aliança Nacional Libertadora (ANL), uma organização comunista liderada por Luís Carlos Prestes, formada em 1935, e que agia independentemente do PCB (Partido Comunista Brasileiro).

Mas o que pretendia a Intentona Comunista? No manifesto da ANL, publicado em 5 de julho de 1935, Prestes declarou:

> [...] A situação é de guerra e cada um precisa ocupar o seu posto. Cabe à iniciativa das próprias massas organizar a defesa de suas reuniões, garantir a vida de seus chefes e preparar-se, ativamente, para o assalto.
> [...] A idéia do assalto amadurece na consciência das grandes massas.
> [...] Abaixo o fascismo! Abaixo o governo odioso de Vargas! Por um governo popular nacional revolucionário. Todo o poder à Aliança Nacional Libertadora.[132]

---

[132] Manifesto de Luís Carlos Prestes, transcrito em *A Platéia*, 6 de julho de 1935 *apud* CARONE, Edgar. *A Segunda República*. São Paulo: Difel, 1973, p. 431-440.

Por sua vez, também vale registrar o pronunciamento que Getúlio Vargas fez à Nação após a Intentona Comunista:

> Os fatos não permitem mais duvidar do perigo que nos ameaça. Felizmente, a Nação sentiu esse perigo e reagiu com todas as suas reservas de energias sãs e construtoras. [...] A punição dos culpados e responsáveis pelos acontecimentos de novembro impõe-se como ato de estrita justiça e reparação, como exercício legítimo do direito de defesa da sociedade, em face da atividade criminosa e organicamente anti-social dos seus inimigos declarados e reconhecidos. Impõe-se, ainda mais, pelo dever, que o Estado tem, de salvaguardar a nacionalidade atacada e ameaçada pela decomposição bolchevista. O comunismo, encarado como força desintegradora e agente provocador de sérias perturbações, constitui, no Brasil, pela sua profunda e extensa infiltração, já comprovada, mas desconhecida ainda do público, perigo muito maior do que se possa supor.[133]

Sobre os desdobramentos que se sucederam após os levantes comunistas, pode-se destacar que:

> Getúlio Vargas, então chefe de Estado após a Revolução de 1930, pediu ao Congresso Nacional para que fosse decretado o Estado de Sítio e, com isso, fossem acionadas as forças do Exército que não estavam associadas com o comunismo para colocar um ponto final nos levantes. O Congresso autorizou, e Vargas ordenou que as cidades fossem recuperadas. Acredita-se que mais de uma centena de revolucionários morreram em combate. Cerca de trinta homens do exército legalista (a favor de Vargas) também foram mortos. Centenas de militares comunistas e civis que apoiaram a Intentona até maio de 1936 estavam presos. Entre os presos, Luís Carlos Prestes (que ficou nove anos na prisão) e Olga Benário (que era judia e foi deportada para a Alemanha nazista). A Intentona Comunista foi usada como subterfúgio por Vargas para dar o golpe de Estado de 1937, que ficou conhecido como Estado Novo.[134]

Na realidade, também deve ser ressaltado o valor simbólico do levante de novembro de 1935 e suas repercussões em outros momentos da história brasileira: "em diversas fases da nossa história, a "ameaça

---

[133] O LEVANTE comunista de 27 de novembro de 1935, discurso de Getúlio Vargas pronunciado nas primeiras horas de 1936. Rio de Janeiro: José Olympio, 1938-1945. v. IV: A Nova Política do Brasil. p. 142-14.

[134] FERNANDES, Cláudio. Intentona Comunista. *Brasil Escola*. Disponível em: https://brasilescola.uol.com.br/historiab/intentona-comunista.htm. Acesso em: 26 fev. 2023.

comunista", através do "lembrai-vos de 1935", foi utilizada como um forte recurso de poder".[135]

Nesta época de intensa perseguição aos comunistas (ou mesmo simpatizantes à ideologia), muitos foram presos: "circunscritas às cidades de Natal, Recife e Rio de Janeiro, as rebeliões foram violentamente debeladas e provocaram uma onda repressiva sem precedentes. Imediatamente, centenas de aliancistas e comunistas foram presos em todo o país".[136]

Dentre estas pessoas, estavam Graciliano Ramos, então Diretor da Instrução Pública do Estado de Alagoas, preso em Maceió em 03 de março de 1936, Jorge Amado, o professor e pedagogo Anísio Teixeira, e Nise da Silveira, presa no Rio de Janeiro em 26 de março do mesmo ano.

Questionada pela filha Alzira acerca da prisão de um grupo de professores da Faculdade de Direito, Vargas teria dito "não prendi nem mandei prender ninguém, individualmente. Acredito que dentro da precipitação e do medo muitas injustiças tenham sido cometidas. É necessário, primeiro, dar tempo para que os ânimos se acalmem".[137] Em relação aos presos políticos da Era Vargas:

> Após o Levante da ANL, em 1935, as estimativas são de que o governo Vargas teria levado cerca de 35 mil pessoas para as cadeias por motivos políticos. Muitos deles, como o próprio Graciliano, nunca sofreram um processo formal. Entre os que sofreram, pela via da Lei de Segurança Nacional (1935), até o fim do primeiro governo, o Tribunal de segurança Nacional julgou 6.998 processos, referentes a mais de 10 mil pessoas, e condenou 4.099 delas. Somente na Colônia Correcional de Dois Rios (Ilha Grande, Rio de Janeiro), talvez o mais famoso dos presídios da época a receber presos políticos, o grande número de presos após o levante da ANL fez com que a população carcerária saltasse de 298 detentos em 1935 para 1.388 em 1936.[138]

---

[135] PANDOLFI, Dulce Chaves. A Aliança Nacional Libertadora e a Revolta Comunista de 1935. In: *Getúlio Vargas e seu tempo*. Rio de Janeiro: Banco Nacional de Desenvolvimento Econômico e Social, 2004. p. 175-182. Disponível em: http://web.bndes.gov.br/bib/jspui/handle/1408/11976. Acesso em: 26 fev. 2023, p. 180.

[136] PANDOLFI, Dulce Chaves. A Aliança Nacional Libertadora e a Revolta Comunista de 1935. In: *Getúlio Vargas e seu tempo*. Rio de Janeiro: Banco Nacional de Desenvolvimento Econômico e Social, 2004. p. 175-182. Disponível em: http://web.bndes.gov.br/bib/jspui/handle/1408/11976. Acesso em: 26 fev. 2023, p. 179.

[137] NETO, Lira. *Getúlio. 1930-1945:* do governo provisório ao Estado Novo. São Paulo: Companhia das Letras, 2013, p. 257.

[138] SANTOS, Myrian Sepúlveda dos. *Os porões da República*: a barbárie nas prisões da Ilha Grande: 1894-1945. Rio de Janeiro: Faperj; Garamond, 2009, p. 215 *apud* MATTOS, Marcelo Badaró. Memórias da prisão política sob o regime de Vargas. *In*: SIMPÓSIO NACIONAL DE HISTÓRIA – ANPUH, XXVI, julho 2011, São Paulo. Anais..., São Paulo, 2011, p. 03.

Para Luitgarde Barros:

> os crimes arrolados contra a "Comunista Perigosa" ou "A Doutora Vermelha" (títulos atribuídos à alagoana nas manchetes da imprensa), devidamente registrados nas folhas dos dossiês dos órgãos de repressão, dizem respeito à participação em entidades como União Feminina do Brasil e a leitura de material subversivo.[139]

Ao pesquisar os citados dossiês, a antropóloga Luitgarde Barros constatou que Nise sofrera duas prisões: "em 20.02.1936 (posta imediatamente em liberdade) e 26/3/1936. Permaneceu na prisão até 21.06.1937, respondendo o Processo 191, incursa nos artigos 14 e 23 da Lei nº 38, sendo absolvida pelo Tribunal de Segurança Nacional em 31.01.1938. Essa sentença foi confirmada na Apelação nº 15, de 16.03.1938".[140]

Acerca das circunstâncias que levaram à prisão de Nise da Silveira, convém registrar que:

> Nise era filiada ao Partido Comunista Brasileiro (PCB), tinha muitos amigos comunistas, mas não era atuante por não concordar com todas as ideias da turma. "Minha experiência no partido não foi muito boa, não, porque eu sempre tive muita dificuldade de me acomodar em organizações. Talvez, por causa da minha vida de filha única, de menina rebelde, eu não me acomodava dentro dos esquemas do Partido Comunista... Os companheiros do Partido não aprovavam que eu me dedicasse tanto aos estudos, por exemplo", contou Nise em entrevista a Dulce Pandolfi, para seu livro *Camaradas e Companheiros, Memória e História do PCB*, de 1995. Tanto é que Nise foi expulsa do partido pouco tempo depois. "Eu discordava de certas coisas, e eles achavam que esses pontos de vista meus eram trotskistas. Eu não era trotskista nem nada. Eu também achava que o material que o Partido recebia, o material stalinista, era muito pouco simpático. Então entramos em atrito." Pelos seus próprios relatos, Nise só continuava no partido para estar com amigos próximos, participar de debates e conviver com pessoas intelectualmente interessantes. Entretanto, sua militância era nula.[141]

---

[139] BARROS, Luitgarde Oliveira Cavalcanti. Liberdade e segurança nacional: a formação do intelectual. *In*: SILVA, José Otávio Motta Pompeu e (org.). *Nise da Silveira*. Rio de Janeiro: Fundação Miguel de Cervantes, 2013, p. 454.

[140] BARROS, Luitgarde Oliveira Cavalcanti. Liberdade e segurança nacional: a formação do intelectual. *In*: SILVA, José Otávio Motta Pompeu e (org.). *Nise da Silveira*. Rio de Janeiro: Fundação Miguel de Cervantes, 2013, p. 455.

[141] SGARIONI, Mariana. Memórias de 455 dias no cárcere. *Itaú Cultural*. Disponível em: https://www.itaucultural.org.br/ocupacao/nise-da-silveira/nise/. Acesso em: 26 fev. 2023.

Nise foi denunciada por uma enfermeira do hospital em que trabalhava. A médica alagoana narra este episódio:

> Em 1936, início da ditadura Vargas, uma enfermeira do hospital, percebendo na minha mesa, em meio a livros de psiquiatria, literatura, arte, livros sobre marxismo, que eu também estudava, denunciou-me à diretoria. Na mesma noite fui presa e conduzida ao pavilhão de primário da penitenciária da Rua Frei Caneca, onde permaneci durante um ano e meio. Perdi o emprego e fiquei afastada do serviço público, obtido por concurso, durante oito anos, sob a alegação de pertencer a um círculo de ideias incompatíveis com a democracia. Eu tinha contato com o partido comunista, mas não era uma militante política ativa.[142]

Vale registrar que a enfermeira que denunciou Nise foi espancada por uma paciente da médica alagoana. "E assim aprendi outra lição, que desmentia o que afirmavam os livros de psiquiatria sobre os doentes mentais. Esses livros diziam que os esquizofrênicos eram indiferentes, sem afeto. Mas o doente que me levava o café toda manhã em meu quarto, quando soube de minha prisão, não ficou indiferente".[143]

Ainda sobre os motivos que levaram à prisão de Nise da Silveira, há quem sustente, com base em documentos oficiais, que "a médica foi detida por pertencer à União Feminina Brasileira e à Ala Reivindicadora dos Médicos":

> A primeira foi fundada por intelectuais e militantes feministas, como Maria Werneck e Eugênia Álvaro Moreyra, companheiras de cela de Nise. Menos de dois meses após sua criação, o então presidente Getúlio Vargas determinou o fechamento da organização, acusando-a de subversiva, uma vez que defendia mudanças na legislação brasileira que davam às mulheres certos direitos, como o de manter a guarda dos filhos em caso de separação e o de receber salários iguais aos dos homens. Isso era considerado crime aos olhos do governo. Já a Ala Reivindicadora dos Médicos era ligada à Aliança Nacional Libertadora (ANL), órgão notadamente de esquerda. Ao ser presa, Nise declarou que sim, prestava serviços médicos nas duas organizações, atendendo mulheres carentes duas vezes por semana.[144]

---

[142] MELLO, Luiz Carlos. *Nise da Silveira*: caminhos de uma psiquiatra rebelde. Rio de Janeiro: Automatica, 2014, p. 73.

[143] GULLAR, Ferreira. *Nise da Silveira*: uma psiquiatra rebelde. Rio de Janeiro: Relume Dumará, 1996. (Perfis do Rio), p. 41.

[144] SGARIONI, Mariana. Memórias de 455 dias no cárcere. *Itaú Cultural*. Disponível em: https://www.itaucultural.org.br/ocupacao/nise-da-silveira/nise/. Acesso em: 26 fev. 2023.

Foi na prisão que Nise da Silveira conheceu seu conterrâneo Graciliano Ramos, que escreveu sobre esse encontro em *Memórias do cárcere*:

> Chamaram-me da porta: uma das mulheres recolhidas à sala 4 desejava falar comigo. Estranhei. Quem seria? E onde ficava a sala 4? Um sujeito conduziu-me ao fim da plataforma, subiu o corrimão e daí, com agilidade forte, galgou uma janela. Esteve alguns minutos conversando, gesticulando, pulou no chão e convidou-me a substituí-lo. Quê? Trepar-me àquelas alturas, com tamancos? Examinei a distância, receoso, descalcei-me, resolvi tentar a difícil acrobacia. A desconhecida amiga exigia de mim um sacrifício; a perna, estragada na operação, movia-se lenta e pena; se me desequilibrasse, iria esborrachar-me no pavimento inferior. Não houve desastre. Numa passada larga, atingi o vão da janela; agarrei-me aos varões de ferro, olhei o exterior, zonzo, sem perceber direito porque me achava ali. Uma voz chegou-me, fraca, mas no primeiro instante não atinei com a pessoa que falava. Enxerguei o pátio, o vestíbulo, a escada já vista no dia anterior. No patamar, abaixo de meu observatório, uma cortina de lona ocultava a Praça Vermelha. Junto, à direita, além de uma grade larga, distingui afinal uma senhora pálida e magra, de olhos fixos, arregalados. O rosto moço revelava fadiga, aos cabelos negros misturavam-se alguns fios grisalhos. Referiu-se a Maceió, apresentou-se:
>
> – Nise da Silveira.
>
> Noutro lugar o encontro me daria prazer. O que senti foi surpresa, lamentei ver a minha conterrânea fora do mundo, longe da profissão, do hospital, dos seus queridos loucos. Sabia-a culta e boa, Rachel de Queirós me afirmara a grandeza moral daquela pessoinha tímida, sempre a esquivar-se, a reduzir-se, como a escusar-se de tomar espaço. Nunca me havia aparecido criatura mais simpática. O marido, também médico, era o meu velho conhecido Mário Magalhães. Pedi notícias dele: estava em liberdade. E calei-me, num vivo constrangimento. De pijama, sem sapatos, seguro à verga preta, achei-me ridículo e vazio; certamente causava impressão muito infeliz. Nise, acanhada, tinha um sorriso doce, fitava-me os bugalhos enormes, e isto me agravava a perturbação, magnetizava-me. Balbuciou imprecisões, guardou silêncio, provavelmente se arrependeu de me haver convidado para deixar-me assim confuso.[145]

Quis o destino que os dois maiores alagoanos de todos os tempos se conhecessem em condições tão peculiares e tão belamente narradas

---

[145] RAMOS, Graciliano. *Memórias do cárcere*. 51. ed. Rio de Janeiro; São Paulo: Record, 2020.

pelo Mestre Graça. Ao ser indagada sobre este encontro (e o relato de Graciliano Ramos em *Memórias do cárcere*) décadas depois de ocorrido, Nise revela com emoção: "Ficamos um diante do outro. E é uma das mais belas páginas da literatura brasileira".[146] Com a devida vênia, este autor diria ainda mais: é um dos mais belos encontros da história brasileira.

Além de serem conterrâneos e de terem vivido no Rio de Janeiro na mesma época, eles tinham muitas afinidades ideológicas, e, especialmente, a preocupação com os segmentos mais injustiçados da sociedade. Ademais, como eles, poucos souberam trazer à tona as nuances da condição humana: Graciliano, a partir de sua escrita indefectível, apresentando personagens com suas vidas secas, angústias e insônias, e Nise, que, por intermédio de suas convicções médicas, conseguiu revelar as tormentas e a criatividade da alma de um grande contingente de pessoas.

Em 1936, em plena era Vargas e em seu maior período de repressão, onde pensar de forma diferente era considerado uma ameaça à Nação, o escritor, na época com 43 anos e morando em Maceió, já tendo publicado Caetés e São Bernardo, exercia o cargo de Diretor da Instrução Pública de Alagoas (uma espécie de Secretário da Educação do Estado); a médica, residindo na então capital federal, com seus 31 anos, dava os primeiros passos para a revolução na psiquiatria. Acusados de serem simpatizantes de ideias comunistas, foram presos: ele inicialmente em Maceió, passando por Recife e chegando ao Rio de Janeiro, e ela na então capital federal. Graciliano esteve em seu "cárcere" entre os dias 03 de março de 1936 e 03 de janeiro de 1937; por sua vez, Nise da Silveira esteve presa entre os dias 26 de março de 1936 e 21 de junho de 1937. Assim, pelo menos durante oito meses, viveram juntos o mesmo drama e a sofreram a mesma injustiça, circunstâncias que tanto influenciaram suas trajetórias pessoais e profissionais.

Amiga de Nise da Silveira, a professora Elvia Bezerra registra que a médica alagoana lhe contou com detalhes sobre sua amizade com o Mestre Graça:

> Os dois são alagoanos e não se conheciam até que a polícia do governo Getúlio Vargas levou-os a serem vizinhos no Complexo Presidiário Frei

---

[146] GUIMARÃES, Márcia. O inconsciente é um oceano. Entrevista publicada originalmente na revista *Rio Artes*, em junho de 1933. In: MELLO, Luiz Carlos (org.). *Encontros Nise da Silveira*. Rio de Janeiro: Azougue Editorial, 2023, P. 199.

Caneca: Nise da Silveira na Sala 4, o cárcere feminino das presas políticas, que dividiu com Olga Prestes e outras, e Graciliano Ramos, que estava preso no Pavilhão dos Primários. A comunicação clandestina entre os dois ambientes se fazia por meio da "pororoca", nome que a escritora capixaba Haydée Nicolussi, uma das presas, deu à barulhenta descarga do banheiro da Sala 4. Como a parede do banheiro fazia divisão com o Pavilhão, as presas cavaram um buraquinho bem ao lado da "pororoca", criando assim uma forma de se comunicar com os vizinhos. Mas o encontro entre Graciliano Ramos e Nise da Silveira não teve qualquer caráter de improviso. Ao contrário, tomou um caráter até solene. Verdade que a presença dela na Sala 4 deve ter chegado aos ouvidos do escritor pela "pororoca", mas revestiu-se de uma certa gravidade no modo como ele descreve o momento em que se apresentam um ao outro, em comovente página de *Memórias do cárcere*. Não foi exagero do autor de *Memórias* quando disse a Homero Senna: "Em qualquer lugar estou bem. Dei-me bem na cadeia... Tenho até saudades da Colônia Correcional. Deixei lá bons amigos". Era verdade. Nise da Silveira me contou, numa das nossas deliciosas conversas, que ele andava com seus chinelos arrastando pelos corredores em absoluta tranquilidade. Não tinha qualquer pressa em sair dali, diferentemente dela, que na noite de São João de 1936, quando foi libertada, depois de um ano e seis meses de prisão, identificava-se com os balões que via no céu, livres.[147]

Um relato ainda mais detalhado foi fornecido por *Nise, sua vida, sua obra*, de autoria de José Otávio Pompeu e Silva. Nele, podemos saber mais informações acerca da convivência entre os dois gênios alagoanos:

Graciliano conhecia Mário Magalhães, mas nunca a havia encontrado antes. A alagoana já tinha visto ao longe Graciliano durante seu passeio preferido de visita às livrarias do Centro do Rio de Janeiro, mas só foi apresentada ao escritor na cadeia. Apesar do encontro insólito e de lamentar ver Nise da Silveira presa e afastada do trabalho de médica, a empatia entre os dois alagoanos foi imediata. Graciliano afirmou "nunca me havia aparecido criatura mais simpática" (idem). O contato entre Graciliano e Nise iniciado no Pavilhão dos Primários se intensificou na enfermaria da Casa de Correção. Nise chegou à enfermaria sofrendo de um "desarranjo nervoso, consequência provável dos interrogatórios longos. A timidez agravava-se, fugia-lhe às vezes a palavra e um desassossego verdadeiro transparecia no rosto pálido, os grandes olhos moviam-se tristes" (idem, p. 493). Graciliano chegou

---

[147] BEZERRA, Elvia. Graciliano Ramos e Nise da Silveira em Memórias do cárcere. *Blog Instituto Moreira Sales*, 08. jul. 2013. Disponível em: https://blogdoims.com.br/graciliano-ramos-e-nise-da-silveira-em-memorias-do-carcere-por-elvia-bezerra/. Acesso em: 24 fev. 2023.

na enfermaria completamente arrasado, sentia-se mal, vivia com uma teimosa resistência. Ela teve uma síncope nervosa, tendo chegado ao seu limite; talvez a presença do conterrâneo na mesma enfermaria a tenha salvo de estados mais perigosos do ser. Nise atesta a amizade que construiu com Graciliano neste duro momento da sua vida: "num período que eu passei na enfermaria e Graciliano esteve também, quando veio da Ilha, aí tive amizade mais estreita com ele". Este momento de sofrimento psíquico em que o afeto de Graciliano a ajudou a aguentar a dor e superar a situação adversa foi decisivo na sua capacidade de alteridade, de se colocar no lugar do doente mental, a qual Nise cultivou durante toda sua posterior vida profissional. Em uma das conversas durante o tempo que passaram na enfermaria, Graciliano contou que já possuía informações sobre Nise; a escritora Raquel de Queiroz tinha elogiado a grandeza moral de Nise. Ao saber disso Nise surpreendeu Graciliano dizendo que não achava nenhum caráter em Raquel de Queiroz. Não perdoava a escritora Raquel por ter dito em um programa de rádio que Nise a acusava de ser trotskista. Este fato rememorava o episódio da expulsão do partido comunista e provocava fúria na alagoana. Para passar o tempo no cárcere, Nise e Graciliano jogavam cartas. Graciliano não conhecia as combinações das cartas, aprendeu a jogar crapaud com Nise. Graciliano pegou gosto pelo jogo e sempre procurava um parceiro para passar o tempo com as cartas, com seu singular humor, ele escreveu em *Memórias do cárcere*: "Nise deu-me as primeiras lições do jogo que iria desviar-me das letras nacionais" (RAMOS, 1985, p. 494). O passatempo predileto de Nise era imaginar filmes em cartaz, convidava Graciliano para participar com ela dessas sessões de cinema imaginário. Quando mesmo preso Graciliano Ramos lançou o livro *Angústia*, o esposado escritor conseguiu contrabandear alguns exemplares para dentro da prisão. O diretor da prisão, o também alagoano Major Nunes, permitiu que as prisioneiras Nise da Silveira e Eneida, juntamente com Heloisa, esposa de Graciliano, enfeitassem a cela com vasos de flores; foi preparado um almoço e Graciliano foi presenteado com uma garrafa de aguardente. Assim o livro *Angústia* teve seu lançamento extraoficial na prisão. Estes momentos agradáveis de conversas, jogos de baralhos, filmes imaginários se até festas permitiam que os presos mantivessem sua saúde mental. Aí aprendeu como tinha de agir no tratamento a doentes mentais: a prisão foi sua grande escola de terapêutica ocupacional. Os colegas presos políticos e os presos comuns foram os professores. Graciliano narrou que Nise o auxiliava muito a aguentar os pesadelos do encarceramento, "as conversas boas de Nise afugentavam-me a lembrança ruim. A pobre moça esquecia os próprios males e ocupava-se dos meus" (idem, p. 515). Esta faceta de terapeuta de Nise ficou imortalizada em *Memórias do cárcere*: "Nise ria. Considerava-me um dos seus doentes mais preciosos" (idem, p. 508). O maior professor dessa terapêutica ocupacional que Nise aprendeu na prisão foi o velho Graciliano Ramos, descrito assim por ela (1954):

"Na Casa de Correção, onde o conheci de perto, Graciliano vivia a cadeia arbitrária na maior serenidade. Nunca o vi inquietar-se sobre a possível hora da liberdade. Não se assemelhava a esses viajantes que, no trem ou no avião, se agitam em incessantes movimentos improdutivos e perguntam a cada instante: "Quando chegaremos?" Graciliano parecia um velho embarcadiço que não se importasse se o porto de desembarque estava perto ou longe. Foi por isso um companheiro ideal de prisão. A mim ajudou muito, e deve também ter ajudado a outros". Nise passou a ser uma importante personagem nos dois volumes de *Memórias do cárcere*, mas sua participação inspiradora na obra de Graciliano Ramos não parou por aí. Graciliano Ramos saiu da prisão no dia 13 de janeiro de 1937 e logo passou a escrever um livro infantil para um concurso do Ministério da Educação. Deu o nome de *Terra dos Meninos Pelados*, no livro tinha a princesa Caralâmpia inspirada em Nise e no seu apelido de infância dado pelo pai para marcar o poder de imaginação da menina. Graciliano ganhou o concurso promovido pelo Ministério da Educação e Caralâmpia passou a figurar no imaginário de muitas crianças pelo mundo afora. Nise da Silveira saiu da prisão no dia 21 de junho de 1937. Diferente de Graciliano, estava sem emprego e não sabia fazer nada que pudesse dar um sustento; a ajuda de Mário Magalhães, de Zoila e de sua mãe foi decisiva neste período de sua vida.[148]

Durante o período em que permaneceu presa, Nise da Silveira presenciou colegas serem torturados e deportados (como Olga Benário) e todo tipo de arbitrariedades e injustiças, o que lhe causava muito sofrimento psicológico. Todavia, ela própria não sofreu qualquer tortura física. Nise levou décadas para entender o motivo que a levou a ser poupada e até mesmo porque seu companheiro Mario Magalhães não a visitava. Neste contexto, ressalte-se que, durante o período em que esteve presa, "Nise não recebeu a visita de nenhum parente ou amigo. A única visitante cadastrada era Zoila Teixeira, mulher de Isnard Teixeira, também preso político. Zoila era quem levava frutas e roupas para Nise – a pedido de Mário Magalhães, seu marido".[149]

Coube à antropóloga alagoana Luitgarde Barros, em 1996, ao investigar o dossiê dos órgãos oficiais sobre a médica alagoana, descobrir e revelar as razões impediram a tortura de Nise da Silveira na prisão.

---

[148] POMPEU E SILVA, José Otávio Motta. Nise, sua vida, sua obra. *Revista Tempo Brasileiro*, Rio de Janeiro, v. 179, n. 187, p. 40-69, out./dez. 2011.
[149] SGARIONI, Mariana. Memórias de 455 dias no cárcere. *Itaú Cultural*. Disponível em: https://www.itaucultural.org.br/ocupacao/nise-da-silveira/nise/. Acesso em: 26 fev. 2023.

Segundo Luitgarde Barros, Nise acreditava que sua liberdade foi alcançada por intermédio de um decreto do recém-empossado Ministro da Justiça Macedo Soares, que ao ser convidado por Vargas para assumir o posto, "condicionara sua aceitação ao ato de decretar a libertação de mais de 400 presos políticos sem processo formado, alguns desde 1935, quando tinham sido acusados de envolvimento com o levante comunista daquele ano. Dra. Nise se dizia beneficiada por aquele decreto, que ficou conhecido como "macedada".[150] Todavia, de acordo com a antropóloga alagoana radicada no Rio de Janeiro:

> Minha interpretação sobre o desconhecimento da Doutora sobre seu próprio processo que correu no Tribunal de Segurança Nacional, quando se dizia, até 1996, contemplada pela "macedada", se explica pelas ações protetoras de seu companheiro, esposo e primo Dr. Mário Magalhães da Silveira. Registrado pelos sicários da Polícia Política no Dossiê Nise como comunista, era famoso sanitarista, essencial aos projetos varguistas de políticas de saúde implementadas por seu governo. Era Diretor da Divisão de Organização Sanitária e Assessor Técnico do Ministro Fadul, além de Médico da Secretaria de Saúde dos Portos. Cientista respeitado, foi Diretor do Departamento Nacional de Endemias Rurais – DNERU, erradicando várias doenças que infestavam principalmente as regiões Norte, Nordeste e Centro-Oeste do Brasil. [...] A Doutora ficou espantadíssima com o documento. Seu marido morrera sem deixar vazar qualquer informação de ameaça que perturbasse sua vida de engajamento na obra da Casa das Palmeiras e do Museu das Imagens do Inconsciente. Testemunhei seu abalo quando descobriu, com a leitura de seu dossiê, a muralha protetora que fora construída por seu marido em torno de sua pessoa, ela que muitas vezes me confessara com a tristeza que Dr. Mário nunca a visitara na prisão. Aproveitei aquela brecha na sua estrutura emocional para lhe fazer a pergunta que sempre me ocorreu, quando refletia sobre algo absolutamente inaudito, sempre que ela me falava das torturas a que sempre eram submetidos todos, homens e mulheres, no cárcere monstruoso de Felinto Müller, exceto ela e Graciliano Ramos. Eles saíram fisicamente incólumes, assistindo a destruição física e moral de seus amigos nas seções de tortura a que eram submetidos. Ela me falava muito dos gritos que ecoavam em sua memória e das imagens de força dos que resistiam, fiéis a seus princípios. Naquele momento lhe perguntei: "– A Senhora nunca se perguntou por que vocês foram os únicos poupados? Porque o Chefe de Polícia do Distrito Federal não tocou nos dois alagoanos, a esposa

---

[150] BARROS, Luitgarde Oliveira Cavalcanti. Liberdade e segurança nacional: a formação do intelectual. *In:* SILVA, José Otávio Motta Pompeu e (org.). *Nise da Silveira.* Rio de Janeiro: Fundação Miguel de Cervantes, 2013, p. 453.

e o amigo do assessor do Ministro Fadul, cuja política de saúde não recebia críticas, nem das oposições?" A ausência do marido nas visitas aos presos não poderia ser uma forma de se guardar para evitar que o chefe da repressão se sentisse provocado em sua autoridade, tendo que abrir mão de "seu direito e obrigação de torturar qualquer pessoa sob seu poder, em nome da Segurança Nacional? Ainda lhe lembrei que outro alagoano – o médico Sebastião da Hora, foi barbaramente torturado naquele período, na mesma prisão.[151]

É imprescindível destacar que "mesmo depois de presa, julgada e inocentada pelo Tribunal de Segurança Nacional, em 1938, Nise da Silveira nunca deixou de ser vigiada e perseguida". Mariana Sgarioni explica as perseguições que Nise continuou a sofrer:

> Durante mais de 30 anos, porém, ela continuou sendo vigiada. Em arquivos confidenciais da Divisão da Polícia Política e Social de outubro de 1959, por exemplo, Nise é fichada e descrita como: – "Psiquiatra, foi signatária do apelo das mulheres da América Latina ao dar seu apoio e colaboração à 'Conferência Latino-Americana de Mulheres', que se realizaria em 27 de agosto de 1954, na Capital Federal"; – "Médica psiquiatra que, segundo a 'Imprensa Popular' de 17 de abril de 1955, foi uma das signatárias da 'Convocação do Congresso Internacional de Mães'"; –"Médica que, segundo a 'Imprensa Popular' de 25 de março de 1956, foi uma das signatárias da 'Mensagem' lançada pela 'Comissão Nacional Feminina pela Anistia', conclamando a mulher brasileira a apoiar o projeto de anistia". Dez anos depois, em 1969, auge do regime militar, Nise teve seu apartamento – aquele da Marquês de Abrantes – denunciado e vasculhado pela polícia. Como os arapongas nem sempre se entendiam, em vez de livros marxistas, desta vez foram encontrados apenas gatos. Dezenas. Por que gatos, Nise, afinal, tantos? "O gato não tem a capacidade de perdoar. Como eu não tenho."[152]

Em seu período de prisão marcado pelo intenso sofrimento, houve muita leitura e estudo. "Foi nesse período que ela desenvolveu a ideia de que o encarceramento era um dos motores da loucura".[153]

---

[151] BARROS, Luitgarde Oliveira Cavalcanti. Liberdade e segurança nacional: a formação do intelectual. *In*: SILVA, José Otávio Motta Pompeu e (org.). *Nise da Silveira*. Rio de Janeiro: Fundação Miguel de Cervantes, 2013, p. 457.
[152] SGARIONI, Mariana. Memórias de 455 dias no cárcere. *Itaú Cultural*. Disponível em: https://www.itaucultural.org.br/ocupacao/nise-da-silveira/nise/. Acesso em: 26 fev. 2023.
[153] SGARIONI, Mariana. Memórias de 455 dias no cárcere. *Itaú Cultural*. Disponível em: https://www.itaucultural.org.br/ocupacao/nise-da-silveira/nise/. Acesso em: 26 fev. 2023.

Tal concepção marcaria definitivamente seu pensamento e postura diante da psiquiatria, chegando até mesmo a associar o eletrochoque à tortura:

> Viver novamente como observador, sabendo o efeito destrutivo daquele "tratamento" sobre um ser humano, deu-lhe um sentimento de tal revolta, que imediatamente classificou aquele procedimento como incapacidade terapêutica de a medicina lidar com a doença mental. Se homens estruturados, politicamente conscientes e determinados a executar um projeto de transformação social eram destruídos pela vida carcerária, onde lhes era arrancado qualquer direito de reação, como podia essa mesma prática "curar" pessoas já em sofrimento e desagregação profundos?[154]

A saudade de seus clientes (forma como ela se referia aos pacientes) também se manifestou:

> Em uma carta de outubro de 1936, escrita de próprio punho, endereçada diretamente ao chefe da Polícia do Distrito Federal, Nise relata problemas de saúde e solicita transferência hospitalar. "Dado o agravamento do meu estado de saúde, venho requerer a Vossa Excelência a minha transferência para um hospital. Não podendo responsabilizar-me pelo pagamento de um quarto particular, aceito internação mesmo num serviço de indigentes", escreveu.[155]

Todavia, mesmo após libertada, Nise não conseguiria retomar o contato com suas atividades como médica psiquiátrica. O sofrimento continuaria presente, desta vez com outras conotações, conforme se verá no próximo capítulo, que trata dos anos em que Nise teve que se afastar do Rio de Janeiro.

---

[154] BARROS, Luitgarde Oliveira Cavalcanti. Memória e afetividade na construção de um modelo terapêutico. *Quaternio – Revista do Grupo de Estudos C. G. Jung*, Homenagem Nise da Silveira, Rio de Janeiro, n. 8, p. 125-127, 2001, p. 127.

[155] SGARIONI, Mariana. Memórias de 455 dias no cárcere. *Itaú Cultural*. Disponível em: https://www.itaucultural.org.br/ocupacao/nise-da-silveira/nise/. Acesso em: 26 fev. 2023.

CAPÍTULO 6

REFLEXÃO

OS ANOS DE AFASTAMENTO DO SERVIÇO PÚBLICO: DEMISSÃO, FUGA E OSTRACISMO DE NISE

Ao deixar a prisão em 21 de junho de 1937, quatrocentos e cinquenta e cinco dias depois de lá ter ingressado, Nise da Silveira sabia que sua vida havia sido modificada de forma definitiva. Se antes já valorizava a liberdade, agora esta se tornou uma obsessão. Narra a médica alagoana:

> Eu saí de lá com minha mãe, fui para um hotel, o Hotel OK na Rua Senador Dantas. Nem sei se ainda existe. Tomei banho, troquei de roupa e fui pra casa de Zoila, em Santa Teresa, onde Mário estava. Eu não sei o dia exato, mas foi nas imediações de São João, de modo que eu me lembro da janela da casa da Zoila, eu vendo os balões. Foi uma vivência muito marcante. E eu fiquei com mania de liberdade. Depois eu tomava um bonde ao acaso, ia até o final da linha e voltava. Descia, tomava ao acaso outro bonde. Havia uma série de bondes que saíam da Praça Tiradentes, e eu via um bonde chamado "Alegria" e dizia: – É nesse que eu vou! Era um lugar horrível, mas eu dizia: – Se eu quiser eu desço aqui, no meio do caminho, desço. Não tenho obrigação de ir até o final. Então eu tinha muito esse sentimento de pode fazer o que quisesse. Saí com esse sentimento. Dona do meu nariz. O bonde da Alegria não tinha nada de bonito, mas o nome me tocou e eu entrei no bonde e fui. E fui em outros, de que eu descia um ponto qualquer, pra passar para outros.[156]

---

[156] MELLO, Luiz Carlos. *Nise da Silveira*: caminhos de uma psiquiatra rebelde. Rio de Janeiro: Automatica, 2014, p. 83.

Embora estivesse plena deste sentimento de liberdade, Nise logo perceberia que não poderia voltar a fazer o que mais queria: retornar ao trabalho como médico psiquiatra no Hospital Nacional de Psicopatas. Primeiramente, no Prontuário 13.990, do Departamento Federal de Segurança Pública do Ministério da Justiça e Negócios Interiores, vê-se que no dia 01 de abril de 1936, ou seja, logo após sua prisão, Nise "foi exonerada, por motivo de exercer atividades subversivas das instituições políticas e sociais, da função de médica contratada do Ministério da Educação,[157] conforme portaria do referido Ministério, doc. 2".[158]

Cabe ainda registrar que apesar de o advogado de Nise, o já consagrado jovem Evaristo de Morais, ter peticionado, em 26 de novembro de 1937, que "não se lhe deve aplicar qualquer pena", na sentença de absolvição, proferida pelo Juiz do Tribunal de Segurança Nacional Luiz Carlos da Costa Neto, em 31 de janeiro de 1938, considerou o Poder Judiciário que "as provas colhidas não são de molde a levar a Justiça a condenar a acusada", mas "as suas tendências ideológicas são de molde a incompatibilizá-la com o exercício da função pública". Assim, determinou o Juiz "que se tire cópia da presente sentença, a fim de ser enviada ao Exmo. Sr. Ministro da Educação, uma vez que a ré foi funcionária do Ministério da Educação e Saúde Pública".[159]

A ausência durante tanto tempo trouxe consequências para o relacionamento de Nise com Mário. Este, tanto não podia visitá-la na prisão, como sequer podia lhe enviar cartas. "Mário tinha arrumado um emprego público e uma carta de uma presa política poderia arruinar sua situação. Em suas entrevistas, refere-se pouco a Mário Magalhães, com quem se casaria anos depois. Foram anos difíceis para Nise, que

---

[157] Sobre esta questão, "O Ministério da Educação foi criado em 1930, logo após a chegada de Getúlio Vargas ao poder. Com o nome de Ministério da Educação e Saúde Pública, a instituição desenvolvia atividades pertinentes a vários ministérios, como saúde, esporte, educação e meio ambiente. Até então, os assuntos ligados à educação eram tratados pelo Departamento Nacional do Ensino, ligado ao Ministério da Justiça" (Disponível no sítio eletrônico do Ministério da Educação: http://portal.mec.gov.br/conaes-comissao-nacional-de-avaliacao-da-educacao-superior/97-conhecaomec-1447013193/omec-1749236901/2-historia. Acesso em: 26 fev. 2023).

[158] SILVA, José Otávio Motta Pompeu e (coord.). Dossiê DOPS Nise da Silveira. In: Nise da Silveira. Rio de Janeiro: Fundação Miguel de Cervantes, 2013. (Coleção Memória do Saber), p. 489.

[159] SILVA, José Otávio Motta Pompeu e (coord.). Dossiê DOPS Nise da Silveira. In: Nise da Silveira. Rio de Janeiro: Fundação Miguel de Cervantes, 2013. (Coleção Memória do Saber), p. 461.

ficou marcada, não podendo voltar ao emprego como psiquiatra no serviço público".[160]

Em 1937, estando desempregada, Nise passa a depender financeiramente de Mário, que sempre a amparou e protegeu. Logo após sair da prisão, e antes de Nise viver em constante estado de fuga por causa das novas perseguições, o casal passa alguns meses na casa do irmão de Mário, no Rio de Janeiro. Em seguida, Mário viaja a trabalho para a África.

Antes mesmo da citada decisão do Tribunal de Segurança Nacional, Nise iniciava um período de fuga e ostracismo para não ser novamente levada à prisão, perdendo a liberdade que tanto apreciava. "Em novembro, cinco meses depois de sua liberdade, houve nova onda de prisões. Inicialmente Nise se refugiou num mosteiro e depois seguiu de navio para a Bahia".[161]

Registre-se que foi durante quatro meses que Nise esteve escondida em um mosteiro, e isto ocorreu no mesmo ano em que ela deixou a prisão, aumentando ainda mais seu desejo por liberdade.

Com a decretação do Estado Novo, período em que Getúlio Vargas governou o país de forma ditatorial, os direitos individuais, como a liberdade, passam a ser cada vez mais restringidos, a censura foi instituída, as eleições foram canceladas, os partidos políticos foram dissolvidos e o Congresso Nacional, Assembleias Estaduais e Câmaras Municipais foram fechados.

Se em 1935 a repressão estatal aumentou consideravelmente com a criação da Lei de Segurança Nacional, e posteriormente, do Tribunal de Segurança Nacional, foi com a decretação do Estado Novo, institucionalizado a partir da Constituição de 1937, outorgada por Vargas em 10 de novembro, que a situação de repressão atingiu seu ápice. No preâmbulo da citada Constituição, a "polaca", já se vê explicitado o clima de tensão que assolava o Brasil:

O PRESIDENTE DA REPÚBLICA DOS ESTADOS UNIDOS DO BRASIL, ATENDENDO às legitimas aspirações do povo brasileiro à paz política e social, profundamente perturbada por conhecidos fatores de desordem, resultantes da crescente a gravação dos dissídios partidários, que,

---

[160] POMPEU E SILVA, José Otávio Motta. *A arte na terapia ocupacional de Nise da Silveira*. In: POMPEU E SILVA, José Otávio Motta (org.). *Nise da Silveira*. Rio de Janeiro: Fundação Miguel de Cervantes, 2013. (Coleção Memória do Saber), p. 74.

[161] MELLO, Luiz Carlos. *Nise da Silveira*: caminhos de uma psiquiatra rebelde. Rio de Janeiro: Automatica, 2014, p. 83.

uma, notória propaganda demagógica procura desnaturar em luta de classes, e da extremação, de conflitos ideológicos, tendentes, pelo seu desenvolvimento natural, resolver-se em termos de violência, colocando a Nação sob a funesta iminência da guerra civil;

ATENDENDO ao estado de apreensão criado no País pela infiltração comunista, que se torna dia a dia mais extensa e mais profunda, exigindo remédios, de caráter radical e permanente;

ATENDENDO a que, sob as instituições anteriores, não dispunha, o Estado de meios normais de preservação e de defesa da paz, da segurança e do bem-estar do povo;

Sem o apoio das forças armadas e cedendo às inspirações da opinião nacional, umas e outras justificadamente apreensivas diante dos perigos que ameaçam a nossa unidade e da rapidez com que se vem processando a decomposição das nossas instituições civis e políticas;

Resolve assegurar à Nação a sua unidade, o respeito à sua honra e à sua independência, e ao povo brasileiro, sob um regime de paz política e social, as condições necessárias à sua segurança, ao seu bem-estar e à sua prosperidade, decretando a seguinte Constituição, que se cumprirá desde hoje em todo o País [...]

Nise passou um período longo e difícil, ameaçada por uma segunda prisão. "Principalmente os jornais ligados ao movimento integralista de Plínio Salgado estampavam matérias em que Nise era chamada de "perigosa comunista". Com as ameaças aumentando, Mário comprou passagens de barco para Nise e a mãe dela. Dona Nazinha foi para Maceió e Nise desembarcou na Bahia".[162]

Já em Salvador, onde ficou inicialmente em uma pensão e depois em casa de amigos, Nise recebeu uma carta de seu advogado, solicitando seu retorno ao Rio, pois seria presa e logo em seguida liberada, conforme ele garantia. Nise não aceitou. "Não estava disposta a me deixar prender voluntariamente e não voltei". Após este episódio, com a ajuda da família Mangabeira, foi escondida no interior da Bahia, "mas sob a condição de não mencionar isso para ninguém. Dei minha palavra de honra de nunca revelar isto".[163]

---

[162] POMPEU E SILVA, José Otávio Motta. *A arte na terapia ocupacional de Nise da Silveira*. In: POMPEU E SILVA, José Otávio Motta (org.). *Nise da Silveira*. Rio de Janeiro: Fundação Miguel de Cervantes, 2013. (Coleção Memória do Saber), p. 76.
[163] GULLAR, Ferreira. *Nise da Silveira*: uma psiquiatra rebelde. Rio de Janeiro: Relume Dumará, 1996. (Perfis do Rio), p. 45.

Para que se tenha ideia de como Nise da Silveira vivia sob permanente tensão, "nesse período, até sua mãe, Maria Lídia, ficou sem notícias suas, exceto por um cartão de Natal enviado por Nise para dar sinal de vida, no qual assinou "Lourdes" para despistar a polícia".[164]

Após passagem pelo interior da Bahia, a fuga de Nise não pararia aí: "fui para Pernambuco, depois para Alagoas, estava livre como um passarinho".[165] Enquanto isto, Mário fazia constantes viagens para o *front* de guerra no norte da África, "onde fazia o controle sanitário de vetores da malária nos aviões americanos [...] Para suas missões na África, Mário foi incorporado ao exército dos Estados Unidos com a patente de oficial superior".[166]

Nos anos seguintes, dois fatos marcantes: "em 1939, Nise da Silveira fez pedido formal para ser readmitida no serviço público como psiquiatra, mas, provavelmente, este pedido foi negado" e "receoso com a situação perigosa de Nise, Mário propôs casamento. Casaram-se em 8 de novembro de 1940 em Recife",[167] oportunidade em que Nise passa a ser grafado com Z (Nize), para lhe garantir maior segurança.

Segundo Luiz Carlos Mello, "o objetivo de Mário era garantir uma aposentadoria a Nise, caso ele viesse a falecer, pois, em plena guerra, ele frequentemente viajava para a base aérea norte-americana em Dacar, com a incumbência de inspecionar as aeronaves para controle da malária".[168]

Após ter vivido na clandestinidade no Rio de Janeiro, na Bahia, em Pernambuco e em Alagoas, Nise se muda para o Estado do Amazonas no início da década de 1940, uma vez que Mário Magalhães assumiu em Manaus a função de Delegado Federal de Saúde.

Neste período, em que o planeta se via envolvido por uma grande guerra mundial, a médica alagoana vivia sua guerra interna, tentando

---

[164] MELLO, Luiz Carlos. *Nise da Silveira*: caminhos de uma psiquiatra rebelde. Rio de Janeiro: Automatica, 2014, p. 15.

[165] GULLAR, Ferreira. *Nise da Silveira*: uma psiquiatra rebelde. Rio de Janeiro: Relume Dumará, 1996. (Perfis do Rio), p. 45.

[166] POMPEU E SILVA, José Otávio Motta. *A arte na terapia ocupacional de Nise da Silveira*. In: POMPEU E SILVA, José Otávio Motta (org.). *Nise da Silveira*. Rio de Janeiro: Fundação Miguel de Cervantes, 2013. (Coleção Memória do Saber), p. 77.

[167] POMPEU E SILVA, José Otávio Motta. *A arte na terapia ocupacional de Nise da Silveira*. In: POMPEU E SILVA, José Otávio Motta (org.). *Nise da Silveira*. Rio de Janeiro: Fundação Miguel de Cervantes, 2013. (Coleção Memória do Saber), p. 77.

[168] MELLO, Luiz Carlos. *Nise da Silveira*: caminhos de uma psiquiatra rebelde. Rio de Janeiro: Automatica, 2014, p. 84.

exorcizar seus fantasmas. Ademais, pode-se afirmar que à Nise, por suas convicções políticas, além da prisão e da demissão, foi imposta a pena de ostracismo. Sobre a origem deste termo:

> Quando os cidadãos atenienses percebiam que a ordem democrática poderia estar ameaçada, utilizavam-se de dispositivos que acorressem à sua manutenção. Um desses dispositivos era o ostracismo, que nada mais era do que o banimento ou exílio de algum membro da sociedade (geralmente um ator político ou militar). Anualmente, os cidadãos reuniam-se na Ágora para decidir em quem aplicar o ostracismo. A votação era feita por meio da inscrição do nome dos candidatos em pedaços de cerâmica, chamados ostracon (em grego), daí vem o nome ostracismo. Quem recebesse mais votos dos cidadãos era ostracizado. Os ostracizados mais famosos o foram sob acusações de tirania ou pendor para a tirania. Exemplos notáveis são os dos participantes da Guerra do Peloponeso, os generais Temístocles e Tucídides, sendo esse último o famoso historiador e autor da "A história da Guerra do Peloponeso". Até mesmo Péricles, considerado o "pai" da democracia ateniense, recebeu muitos votos para ser ostracizado, mas nunca chegou a sofrer efetivamente essa sentença. Para os ostracizados, havia ainda o recurso da anistia, que viabilizava seu retorno à cidade-estado. Foi o que aconteceu com Tucídides, em 404 a.C. O ostracismo poderia ser aplicado a pessoas suspeitas de corrupção, fosse do espólio público ou da moral. Foram os casos do escultor Fídias e do filósofo Sócrates, respectivamente. Fídias foi acusado de roubar parte do ouro destinado à construção de obras de Atenas. Sócrates, por sua vez, foi acusado de corromper os jovens a quem ensinava seu método filosófico. Mas o filósofo, entretanto, como é sabido, preferiu a sentença de morte por cicuta à saída de Atenas.[169]

Afastada arbitrariamente do convívio social e do exercício de sua profissão, Nise certamente usou muito de seu tempo para refletir sobre sua vida, que nos últimos quinze anos, havia passado por várias reviravoltas: da conclusão da faculdade em Salvador ao retorno a Maceió, da morte repentina do pai à mudança para o Rio de Janeiro, da aprovação no concurso público à prisão arbitrária, da fuga e mudança para os mais diferentes locais do Brasil ao casamento com Mário.

Neste contexto, registre-se que "durante este período, Nise leu muito, aprofundou-se na leitura do filósofo Spinoza, com quem descobriu a ligação entre matéria e energia, a unicidade presente em

---

[169] FERNANDES, Cláudio. Ostracismo ateniense. *História do Mundo*. Disponível em: https://www.historiadomundo.com.br/grega/ostracismo-ateniense.htm. Acesso em: 27 fev. 2023.

todas as coisas.[170] Foi uma transformação em sua vida. Ela estava pronta para desafios maiores".[171]

Ainda sobre o período de reflexão de Nise, "desde o começo de seu "exílio", Nise aproveitou a situação em que se encontrava, em que tinha mais tempo livre, para estudar intensamente, dedicando-se especialmente à obra do filósofo holandês Barush Spinoza",[172] sobre quem, mais de meio século depois, escreve um livro (*Cartas a Spinoza*).

Já amadurecida, seja pela idade, seja pela vida, Nise passou a praticar a arte da reflexão, enquanto "ação de pensar demorada e ponderadamente para melhor compreender as causas ou razões de um fato, evitando juízo precipitado e comportamento impulsivo".[173]

A partir destas reflexões, Nise chegou à constatação de que, para ser verdadeiramente livre, não teria nenhuma amarra intelectual (nem por Jung), filosófica (nem por Spinoza) ou político-ideológica (nem pelo comunismo, tendo se desligado do Partido Comunista).

Dizia a médica alagoana: "eu não pertenço a nenhuma sociedade, nem mesmo à Sociedade Junguiana. Está claro que minha posição política é uma posição de esquerda, mas não sou pessoa de colocar nenhuma coleira no pescoço. Eu vou andando pela vida, fazendo rupturas".[174]

Este espírito rebelde a que Nise fazia referência iria começar a se manifestar de forma mais intensa nos anos seguintes, quando ela retornou finalmente ao Rio de Janeiro. Afinal, após suas reflexões, resolveu lutar por aquilo que lhe era de direito: sua posição de médica psiquiatra na Administração Pública.

---

[170] Poucos anos antes de morrer, Nise afirmou: "Spinoza me deu algo que eu não sabia que existia naquela ocasião: a unidade das coisas. Tudo é uno. Quando descobri que matéria e energia são uma coisa só, uma se transformando na outra, virei outra pessoa" (SILVEIRA, Nise da. Entrevista concedida a Sérgio Augusto. *Folha de São Paulo*, São Paulo, Caderno Mais!, 5 nov. 1995).
[171] POMPEU E SILVA, José Otávio Motta. A arte na terapia ocupacional de Nise da Silveira. In: POMPEU E SILVA, José Otávio Motta (org.). *Nise da Silveira*. Rio de Janeiro: Fundação Miguel de Cervantes, 2013. (Coleção Memória do Saber), p. 78.
[172] MELLO, Luiz Carlos. *Nise da Silveira*: caminhos de uma psiquiatra rebelde. Rio de Janeiro: Automatica, 2014, p. 85.
[173] REFLEXÃO. In: Michaelis Dicionário Brasileiro da Língua Portuguesa. Disponível em: https://michaelis.uol.com.br/moderno-portugues/busca/portugues-brasileiro/reflexao. Acesso em: 27 fev. 2023.
[174] MELLO, Luiz Carlos. *Nise da Silveira*: caminhos de uma psiquiatra rebelde. Rio de Janeiro: Automatica, 2014, p. 86.

CAPÍTULO 7

INDIGNAÇÃO

A REINTEGRAÇÃO AO SERVIÇO PÚBLICO E O INÍCIO DA REBELDIA

Embora o Estado Novo (1937-1945) tenha sido um período marcado pelo autoritarismo, o Brasil, sob o governo de Getúlio Vargas, acabou participando da Segunda Guerra Mundial, a partir de 1944, ao lado das nações democráticas, insurgindo-se a Alemanha nazista e a Itália fascista.

Antes mesmo de o Brasil ingressar no conflito mundial, em 24 de outubro de 1943, surge o Manifesto dos Mineiros, que reivindica uma série de mudanças:

> As palavras que nesta mensagem dirigimos aos mineiros queremos que sejam serenas, sóbrias e claras. Nelas não se encontrará nada de insólito, nenhuma revelação. Este não é um documento subversivo; não visamos agitar nem pretendemos conduzir. Falamos à comunidade mineira sem enxergar divisões ou parcialidades, grupos, correntes ou homens. As ideias e sentimentos a que buscamos aqui dar expressão cessaram de ser um estado natural de coisas. Uma dúvida paira sobre elas, no seio dos povos cujo espírito de demissão se acomodou com os atentados aos mais imprescritíveis direitos do homem e do cidadão. Se lutamos contra o fascismo, ao lado das Nações Unidas, para que a liberdade e a democracia sejam restituídas a todos os povos, certamente não pedimos demais reclamando para nós mesmos os direitos e as garantias que as caracterizam. Eis porque, no momento em que devemos, unidos e coesos, sem medir sacrifícios e sem quebra ou interrupção da solidariedade já manifestada, dar tudo pela vitória do Brasil, entendemos que é também contribuir para o esforço de guerra conclamar, como conclamamos, os mineiros a que se unam acima de ressentimentos,

interesses e comodidades, sob os ideais vitoriosos a 15 de novembro de 1889 e reafirmados solenemente em outubro de 1930, a fim de que, pela federação e pela democracia, possam todos os brasileiros viver em liberdade uma vida digna, respeitados e estimados pelos povos irmãos da América e de todo o mundo.

Belo Horizonte, 24 de outubro de 1943.[175]

Getúlio Vargas também passou a sofrer com a debandada de importantes nomes de seu governo. O General Góes Monteiro solicitou seu desligamento da chefia do Estado-Maior, alegando razões de saúde. "Uma vez afastado da ditadura que tanto ajudara a implantar e manter, Góes Monteiro se converteu de um momento para outro em um apaixonado defensor da democracia. Os liberais, que até a véspera identificam nele a encarnação tupiniquim da besta-fera totalitária, começaram a cortejá-lo, na tentativa de convencê-lo a derrubar Getúlio".[176]

O jurista Francisco Campos, que havia redigido a Constituição de 1937, publicou artigo em jornal em que clamava: "Entregue o poder, sr. Getúlio Vargas [...] O sr. Getúlio Vargas já pensou demais em si mesmo. É tempo de ele pensar também um pouco no Brasil".[177]

Neste contexto, passando a sofrer pressões da sociedade civil e de seus até então aliados, Vargas decidiu realizar uma série de atos de reabertura democrática, "antes que os inimigos do Governo a façam". Em 18 de abril de 1945, por intermédio do Decreto-Lei nº 7.474, Getúlio Vargas concedeu anistia geral a todos os presos políticos desde a promulgação da Constituição de 1934 até aquela data, como era o caso de Luís Carlos Prestes. Ainda neste período, o governo brasileiro passou a reconhecer a União Soviética, os partidos políticos foram autorizados a funcionar, as eleições foram marcadas. Antes de estas acontecerem, Vargas foi deposto do poder:

> As 6:35 horas da manhã, do dia 31 de outubro, trajando um terno cinza claro, com chapéu da mesma cor, e sorrindo, Getúlio Dornelles Vargas

---

[175] CANTANHÊDE, José Luís. Manifesto dos Mineiros: uma carta contra a ditadura Vargas. *Tribunal Regional Eleitoral de Minas Gerais*. Disponível em: https://www.tre-mg.jus.br/institucional/memoria-eleitoral/historia-e-memoria/manifesto-dos-mineiros-uma-carta-contra-a-ditadura-vargas. Acesso em: 28 fev. 2023.

[176] NETO, Lira. *Getúlio. 1930-1945:* do governo provisório ao Estado Novo. São Paulo: Companhia das Letras, 2013, p. 448.

[177] NETO, Lira. *Getúlio. 1930-1945:* do governo provisório ao Estado Novo. São Paulo: Companhia das Letras, 2013, p. 463.

após exatos quinze anos deixava o poder. Ao sair do palácio Guanabara, despediu-se de todos os funcionários, apertando a mão, de um a um. Em seguida, em companhia de sua filha Alzira Vargas do Amaral Peixoto, de seu genro Ernani do Amaral Peixoto, do ministro João Alberto, do seu ajudante de ordens major Edgard Bruno Ribeiro, entrou no automóvel presidencial, um Cadillac limusine, ano 1941, sete lugares, de placa nº 84, dirigido por seu motorista desde os tempos do ministério da Fazenda Euclydes Fernandes. Ao sair do palácio Guanabara, os soldados do Exército que montavam guarda, desde a noite do dia 29, fizeram continência de estilo, Getúlio agradeceu com um aceno de mão. A comitiva rumou para o aeroporto Santos-Dumont, que estava isolado por tropas do Exército e da Aeronáutica desde a madrugada. A comitiva chegou às 7 horas e 3 minutos, sendo recebido com soldados perfilados, saindo do veículo oficial, despediu-se dos presentes, entre eles o ex-ministro da Aeronáutica Joaquim Pedro de Salgado Filho que tinha lágrimas nos olhos, o ex-ministro da Fazenda Arthur Souza Costa, o ministro João Alberto, o brigadeiro Gervásio Ducan, o general Oswaldo Cordeiro de Farias e o chefe da polícia Especial capitão Euzébio de Queiroz. No avião Lockheed L-18 Lodestar da FAB, que o servia sempre, dez minutos depois de sua chegada no Santos-Dumont, embarcou para sua cidade, São Borja, no Rio Grande do Sul, tendo viajado em companhia de seus sobrinhos, os tenentes Dinarte e Serafim Dornelles e do chefe de sua guarda, tenente Gregório Fortunato.[178]

Em meio a tantas tensões políticas e mudanças na ordem jurídica, Nise da Silveira decidiu voltar ao Rio de Janeiro e recuperar aquilo que havia perdido injustamente: seu emprego público. Neste sentido:

> Com a onda de redemocratização do país, com o nome grafado como Nize Magalhães da Silveira, ela solicita readmissão num dos cargos iniciais vagos na carreira de médico psiquiatra. A resposta veio na Seção I do *Diário Oficial*, de 27 de janeiro de 1944, com data de 7 de janeiro do mesmo ano: "Cabe à requerente fazer uma declaração no sentido de que não professa, como é contrária a ideias extremistas. Mediante declaração poderá a interessada ser readmitida ao Serviço". Tomou posse do cargo em 17 de abril de 1944, no Centro Psiquiátrico Nacional, no bairro do Engenho de Dentro.[179]

---

[178] RIBEIRO, Antônio Sérgio. 29 de outubro de 1945: o fim do Estado Novo. *Assembleia Legislativa do Estado de São Paulo*, 31 out. 2005. Disponível em: https://www.al.sp.gov.br/noticia/?id=279581#:~:text=Em%2018%20de%20abril%20de,ap%C3%B3s%20nove%20anos%20de%20reclus%C3%A3o. Acesso em: 28 fev. 2023.

[179] POMPEU E SILVA, José Otávio Motta. A arte na terapia ocupacional de Nise da Silveira. In: POMPEU E SILVA, José Otávio Motta (org.). *Nise da Silveira*. Rio de Janeiro: Fundação Miguel de Cervantes, 2013. (Coleção Memória do Saber), 2013, p. 78.

Afastada da Administração Pública desde o dia 26 de março de 1936, Nise retorna ao seu ambiente preferido (o hospital psiquiátrico da rede pública de saúde) somente em 17 de abril de 1944, ou seja, oito anos e vinte e um dias depois.

Como se vê, mesmo antes da deposição de Getúlio Vargas, a médica alagoana já estava de volta ao serviço público. Ela contou: "Assumi antes, em 1944. O diretor da Saúde Pública nessa época era Barros Barreto. Ele me ajudou a resolver os problemas e então retomei meu lugar de psiquiatra no Centro Psiquiátrico Pedro II, no Engenho de Dentro. E aí começou a minha outra briga, a briga com a psiquiatria, que é mais importante".[180]

Verifica-se que o cenário desta nova briga não mais seria o Hospício Nacional de Alienados, na Urca, e sim em Engenho de Dentro, onde passara a localizar-se o Centro Psiquiátrico Pedro II (CPPII). "Tal fase de sua existência foi momento decisivo, que traçou seu futuro e o do método revolucionário que ela desenvolveu. Tudo aconteceu quando a dama do inconsciente disse não – foi transferida para a Seção de Terapêutica Ocupacional (STO) do Centro Psiquiátrico Pedro II".[181]

Em relação ao retorno de Nise ao serviço público, convém registrar que não houve apenas a mudança do local de trabalho, mas, principalmente, dos métodos utilizados pela psiquiatria:

> Nessa época, o emprego de novos métodos de tratamentos, considerados como revolucionários e tecnológicos pela psiquiatria convencional, foi bastante valorizado e amplamente aplicado, por exemplo, as intervenções cirúrgicas cerebrais de lobotomias, os comas insulínicos (Sakel), as convulsões terapia de cardiazol (von Meduna) e as séries de eletroconvulsoterapia (eletrochoque- ECT) proposto por Ugo Cerletti e Bini. Mas, essas novas técnicas de tratamentos psiquiátricos foram totalmente descartadas e recusadas por Nise, por considerá-las como práticas "violentas e de torturas". Sublinhou Nise: "O eletrochoque é uma espécie de tortura. Pessoas tem morrido deste tratamento. Alguns aguentam, outras não. Após meu retorno ao hospital, não aplicá-lo foi minha primeira rebeldia".[182]

---

[180] GULLAR, Ferreira. *Nise da Silveira*: uma psiquiatra rebelde. Rio de Janeiro: Relume Dumará, 1996. (Perfis do Rio), p. 45.
[181] HORTA, Bernardo Carneiro. *Nise, arqueóloga dos mares*. 2. ed. Rio de Janeiro: Aeroplano, 2009, p. 80.
[182] MACEDO, Vera. A importante contribuição da obra de Nise da Silveira para a Psicologia Analítica de Jung. *Junguiana*, São Paulo, v. 39, p. 29-42, n. 2, jul./dez. 2021. Disponível em: http://pepsic.bvsalud.org/scielo.php?script=sci_arttext&pid=S0103-08252021000200004. Acesso em: 28 fev. 2023.

Indagada pelo poeta Ferreira Gullar como havia começado tal rebeldia, Nise esclareceu como ocorreu o momento decisivo de sua vida profissional:

> Durante esses anos todos que passei afastada, entrou em voga na psiquiatria uma série de tratamentos e medicamentos novos que antes não se usavam. Aquele miserável daquele português, Egas Muniz, que ganhou o prêmio Nobel, tinha inventado a lobotomia. Outras novidades eram o eletrochoque, o choque de insulina e o de cariazol. Fui trabalhar numa enfermaria com um médico inteligente, mas que estava adaptado àquelas inovações. Então me disse:
> – A senhora vai aprender as novas técnicas de tratamento. Vamos começar pelo eletrochoque.
> Paramos diante da cama de um doente que estava ali para tomar eletrochoque. O psiquiatra apertou o botão e o homem entrou em convulsão. Ele então mandou levar aquele paciente para a enfermaria e pediu que trouxessem outro. Quando o novo paciente ficou pronto para a aplicação do choque, o médico me disse:
> – Aperte o botão.
> E eu respondi: – Não aperto.
> Aí começou a rebeldia.[183]

Nise revelou ainda que, em outro episódio, até tentou fazer uso de outra prática então bastante usual na psiquiatria, o uso de medicamentos novos, mas o resultado também não lhe convenceu de que este seria o protocolo adequado:

> GULLAR: Começou nova briga.
> NISE: A nova briga foi horrível. Um dia apliquei choque de insulina em uma paciente e a mulher depois não acordava. Aflita, apliquei-lhe soro glicosado na veia a nada da mulher acordar. Tentei de novo, até que consegui. Aí disse: "Nunca mais". Fui falar com o Diretor do Centro Psiquiátrico Nacional, que se chamava Paulo Elejalde, um homem inteligente, que gostava de ler, tinha uma biblioteca muito boa, até que me emprestou livros. "Não tenho onde botar você. Todas as enfermarias seguem a linha desses medicamentos novos. Fora disso, só há a Terapêutica Ocupacional, que é para serventes.
> GULLAR: Como para serventes? Quem tomava conta eram serventes?
> NISE: Sim, não havia médicos ali. Os serventes limpavam, arrumavam.

---

[183] GULLAR, Ferreira. *Nise da Silveira*: uma psiquiatra rebelde. Rio de Janeiro: Relume Dumará, 1996. (Perfis do Rio), p. 46.

Talvez houvesse um capataz qualquer que tomava conta. Eu disse: "Eu quero ir para lá. Mas vou fazer de lá outra coisa". Ele concordou, e disse que eu podia usar como quisesse a pequena verba destinada ao setor. Então, fui para lá e abri a primeira sala: a sala de costura.[184]

A médica alagoana explica com riqueza de detalhes as situações de pressão e constrangimento que teve que enfrentar, e sua resistência frente a uma cultura já instalada no hospital:

"Eu não aperto", respondi. Houve novas tentativas de me fazer apertar o botão do eletrochoque, mas eu ficava com a mão suspensa, não conseguia. "Ela está com medo! Está com medo...É fácil, Nise! É só apertar o botão!..... diziam meus colegas. Mas eu não conseguia. Então, psiquiatras e enfermeiros chamavam outros doentes, internos do hospital, para apertar o botão. O objetivo era mostrar como era simples acionar o eletrochoque. "Até um doente mental pode fazê-lo...", explicava o psiquiatra-chefe. A coisa se passava em clima cotidiano, como se dar choque nos outros fosse brincadeira. Até internos que tinham tomado eletrochoque, havia dois dias, aplicavam choque nos outros...O eletrochoque e os remédios deixavam as pessoas endurecidas, para se acalmarem. E as enfermarias ficavam tranquilas, como os médicos queriam.[185]

Nise se queixava de seus colegas de trabalho, que "acreditam mais em "choques" elétricos e outros processos. Talvez seja a influência da época que atravessamos: a era das máquinas. A alma é colocada em segundo lugar".[186]

Evidentemente, Nise teve que evoluir para alcançar tais convicções, o que foi possível diante de toda sua trajetória de vida. Neste sentido, "quando Nise negou-se a apertar o botão do eletrochoque, ela negou também todo seu passado ligado à filosofia cartesiana, à eugenia e à neurologia de Egas Moniz. Precisou metamorfosear seu conhecimento. Encontrar um novo espaço na psiquiatria".[187]

---

[184] GULLAR, Ferreira. *Nise da Silveira*: uma psiquiatra rebelde. Rio de Janeiro: Relume Dumará, 1996. (Perfis do Rio), p. 46.

[185] HORTA, Bernardo Carneiro. *Nise, arqueóloga dos mares*. 2. ed. Rio de Janeiro: Aeroplano, 2009, p. 88.

[186] MELLO, Luiz Carlos. *Nise da Silveira*: caminhos de uma psiquiatra rebelde. Rio de Janeiro: Automatica, 2014, p. 99.

[187] POMPEU E SILVA, José Otávio Motta. *A arte na terapia ocupacional de Nise da Silveira*. In: POMPEU E SILVA, José Otávio Motta (org.). *Nise da Silveira*. Rio de Janeiro: Fundação Miguel de Cervantes, 2013. (Coleção Memória do Saber), p. 115.

O sentimento de indignação que movia a médica alagoana alcançava diversos aspectos. Em primeiro lugar, o humanista, na medida em que sentia repulsa pelas formas degradantes de tratamento psiquiátrico, que atentavam contra a dignidade dos pacientes. Segundo Luiz Carlos Mello, "ela não só se negava a realizar essas práticas, como também as combatia com todas as suas forças".[188]

Outro aspecto relacionado à indignação de Nise é o que deriva de sua condição de cidadã. A médica alagoana dizia: "exageram quando falam da minha participação política. Eu sempre achei injusto socialmente que uns não tivessem direito a nada ou quase nada e outros direito a tudo".[189]

Também merece ser destacada uma característica de Nise que impulsionava sua obstinação: a passionalidade. Em entrevista, vê-se isto de forma muito evidente: "O serviço público se caracteriza pela inércia. Como a senhora conseguiu reverter essa mecânica?" "Porque eu sou uma apaixonada. Não faço nada sem paixão".[190] Dizia Nise da Silveira: "É necessário se espantar, se indignar e se contagiar, só assim é possível mudar a realidade".[191]

Por fim, há de ser destacado um aspecto mais profissional, científico e até mesmo pragmático que movia as ações desta nordestina obstinada, já que Nise realmente acreditava que somente indo de encontro aos dogmas da psiquiatria convencional poderia aperfeiçoar os tratamentos psiquiátricos no Brasil e no mundo.

Mas, afinal, que tratamentos alternativos teria utilizado Nise da Silveira para substituir os então adotados e que eram por ela considerados ultrajantes? Isto é que veremos no próximo capítulo.

---

[188] MELLO, Luiz Carlos. *Nise da Silveira*: caminhos de uma psiquiatra rebelde. Rio de Janeiro: Automatica, 2014, p. 20.

[189] FERREIRA, Martha Pires (org.). *Senhoras das imagens internas*: escritos dispersos de Nise da Silveira. Rio de Janeiro: Cadernos da Biblioteca Nacional, 2008, p. 316.

[190] GUIMARÃES, Márcia. O inconsciente é um oceano. Entrevista publicada originalmente na revista *Rio Artes*, em junho de 1933. In: MELLO, Luiz Carlos (org.). *Encontros Nise da Silveira*. Rio de Janeiro: Azougue Editorial, 2023, p. 189.

[191] FERREIRA, Martha Pires (org.). *Senhoras das imagens internas*: escritos dispersos de Nise da Silveira. Rio de Janeiro: Cadernos da Biblioteca Nacional, 2008, p. 314.

CAPÍTULO 8

INOVAÇÃO

CRIATIVIDADE NO SERVIÇO PÚBLICO

A revolta de Nise da Silveira contra a forma degradante como eram tratados os pacientes do Centro Psiquiátrico Pedro II fez com que a médica alagoana tenha tido duas posturas: primeiramente, a recusa peremptória em utilizar métodos que ela considerava agressivos, desumanos e ineficazes, conforme destacado no capítulo anterior.

Em segundo lugar, Nise buscou alternativas que pudessem atender as necessidades de seus pacientes e que ela considerasse adequadas sob os pontos de vista médico e ético. Sobre este momento crucial da vida de Nise, já se destacou que:

> Ao se recusar a seguir o tratamento brutal da época contra os pacientes, Nise foi perseguida pelos médicos do hospital e transferida para o Setor de Terapia Ocupacional do Pedro II, espaço de menor prestígio na instituição. "A experiência da prisão foi marcante na vida de Nise. Na volta ao trabalho, no Hospital Pedro II, ela viu que os loucos viviam como presos e não aceitou essas condições, nas quais hospital psiquiátrico e cárcere se confundem", conta Luiz Carlos Mello, ex-aluno de Nise e atual diretor do Museu das Imagens do Inconsciente, criado pela psiquiatra em 1952. Isolada, Nise propôs um tratamento que desafiava tudo o que se entendia por saúde mental no Brasil, questionando as contradições do sistema psiquiátrico, baseado na exclusão e na violência contra o paciente. "Na época em que ainda vivíamos os manicômios e o silenciamento da loucura, Nise da Silveira soube transformar o Hospital Engenho de Dentro em uma experiência de reconhecimento do engenho interior que é a loucura", explica Dunker. Depois de ajudar o psiquiatra Fábio Sodré na introdução da Terapia Ocupacional no Hospital Pedro II,

Nise criou, em 1946, a Seção de Terapêutica Ocupacional e Reabilitação (STOR) do Centro Psiquiátrico Pedro II.[192]

Para José Otávio Motta Pompeu e Silva, "as críticas e a oposição a práticas de tratamento da época empurraram-na para uma atuação que fazia parte do passado da psiquiatria, a terapêutica ocupacional".[193]

É importante destacar que Nise não criou as oficinas na Seção de Terapêutica Ocupacional tão logo foi readmitida no serviço público. Isto levou algum tempo. Mais precisamente, dois anos. Ela conta que procurou o chefe da Enfermaria, o Dr. Fábio Sodré, que era uma "pessoa bastante aberta profissionalmente". Ela explica que passou a tentar com ele "atividades diferentes para os doentes". Foi neste momento que se deu conta como a própria arquitetura do hospital era inadequada, pois traduzia o conceito, a seu ver equivocado, que se tinha da doença. "Eram corredores e enfermarias, como se fosse um hospital para cirurgia". Nise revela que o fato de ter ficado presa muito contribuiu para que ela percebesse como a sensação de confinamento e a falta de atividades eram prejudiciais para o tratamento psiquiátrico. Neste contexto:

> Ela percebeu [durante o cárcere] que os presos que deixavam de fazer coisas, sucumbiam; já os que se apegavam aos afazeres, por menores que fossem, seguiam adiante. Também percebeu que na medida em que os guardas tiravam roupas e objetos pessoais das pessoas, elas iam perdendo suas identidades. O mesmo ocorria no hospital: quando o paciente, que já estava deslocado da realidade, perdia seus objetos pessoais, sua situação mental piorava. Outra descoberta da prisão foram os gatos que, segundo Nise, não perdiam a liberdade atrás das grades, conta o cineasta Roberto Berliner, diretor do filme *Nise – o coração da loucura.*[194]

Nise admitia que "via na Terapêutica Ocupacional um legítimo método terapêutico. Empiricamente os resultados eram evidentes.

---

[192] MODELLI, Laís. Nise da Silveira: entre a loucura, a rebeldia e a arte. *Cult*, 02 jun. 2016. Disponível em: https://revistacult.uol.com.br/home/entre-a-loucura-a-rebeldia-e-a-arte/. Acesso em: 28 fev. 2023.

[193] POMPEU E SILVA, José Otávio Motta. *A arte na terapia ocupacional de Nise da Silveira*. In: POMPEU E SILVA, José Otávio Motta (org.). *Nise da Silveira*. Rio de Janeiro: Fundação Miguel de Cervantes, 2013. (Coleção Memória do Saber), p. 115.

[194] MODELLI, Laís. Nise da Silveira: entre a loucura, a rebeldia e a arte. *Cult*, 02 jun. 2016. Disponível em: https://revistacult.uol.com.br/home/entre-a-loucura-a-rebeldia-e-a-arte/. Acesso em: 28 fev. 2023.

Faltavam-me, no entanto, base teórica para entender esses resultados e dar mais segura orientação à prática das atividades". E o que fez Nise então?

> Tratei de estudar. Lancei-me à procura de fundamentação científica onde firmar a estrutura de meu trabalho, pois, evidentemente, eu não era uma senhora filantropa que pretendesse distrair infelizes doentes, nem muito menos uma capataz decidida a torná-los produtivos, explorando a mais indefesa mão de obra que existe no mundo.[195]

Assim, a médica alagoana confessa que, no início, muito do que foi feito dependeu de sua intuição, uma vez que era escassa a literatura médica sobre o uso do tratamento ocupacional na psiquiatria. "A gente organizava festas na seção e as pessoas ficavam espantadas em ver os doentes que viviam assim parados e dobrados sobre si próprios cantar numa pequena festa". Dispondo de um pequeno orçamento (trinta contos), Nise foi abrindo pequenas oficinas.[196] "A Seção de Terapêutica Ocupacional desenvolveu-se progressivamente até instalar 17 núcleos de atividades, com o objetivo de estimular a capacidade de expressão de seus frequentadores".[197] Registre-se que Nise permaneceria como Diretora da referida Seção de Terapêutica Ocupacional do Hospital do Engenho de Dentro entre 1946 e 1974.

Dentre estas oficinas, estavam as de jardinagem, trabalhos manuais para moças, xilogravura, encadernação, marcenaria, tapeçaria, colagem e costura, dentre outras. Todavia, destacavam-se aquelas em que a presença da criatividade era valorizada, como os ateliês de desenho e pintura, modelagem, dança e música. "Antes, os doentes do hospital eram usados para servir aos funcionários e a outros internos, costurar lençóis, faxinar enfermarias, limpar vasos sanitários, varrer e encerar chão, carregar roupas sujas... Ao chegar, mudei tudo: ali onde

---

[195] SILVEIRA, Nise da. Retrospectiva de um trabalho vivido no Centro Psiquiátrico Pedro II no Rio de Janeiro, publicado nos Anais do XIV Congresso Nacional de Neurologia, Psiquiatria e Higiene Mental, Maceió, 27 out - 01 nov. 1979. In: POMPEU E SILVA, José Otávio Motta (org.). Nise da Silveira. Rio de Janeiro: Fundação Miguel de Cervantes, 2013. (Coleção Memória do Saber), p. 29.

[196] GULLAR, Ferreira. Nise da Silveira: uma psiquiatra rebelde. Rio de Janeiro: Relume Dumará, 1996. (Perfis do Rio), p. 51.

[197] NISE da Silveira, vida e obra. Centro de Cultura do Ministério da Saúde. Disponível em: http://www.ccms.saude.gov.br/nisedasilveira/secao-de-terapeutica-ocupacional.php. Acesso em: 28 fev. 2023.

faziam trabalhos corriqueiros, os internos passaram a desenvolver trabalhos criativos...".[198] Nise explica:

> A comunicação com o esquizofrênico, nos casos graves, terá um mínimo de probabilidade de êxito se for iniciada no nível verbal de nossas relações interpessoais. Isso só ocorrerá quando o processo de cura já se achar bastante adiantado. Será preciso partir do nível não-verbal. É aí que particularmente se insere a terapia ocupacional, oferecendo atividades que permitam a expressão de vivências não verbalizáveis por aquele que se acha mergulhado na profundeza do inconsciente, isto é, no mundo arcaico de pensamentos, emoções e impulsos fora do alcance das elaborações da razão e da palavra. O exercício de atividades poderá adquirir importante significação. Em vez dos impulsos arcaicos exteriorizarem-se desabridamente, lhes oferecemos o declive que a espécie humana sulcou durante milênios para exprimi-los: dança, representações mímicas, pintura, modelagem, música. Será o mais simples e o mais eficaz.[199]

Além das oficinas, promovia atividades recreativas de grupo, que "foram também desenvolvidas com objetivos de reinserção social, assim como a organização dos primeiros cursos de Terapêutica Ocupacional para capacitação de monitores e de colaboradores. As diversas oficinas foram atraindo, cada vez mais, os internados que permaneciam abandonados e apáticos nos corredores e pátios do hospital".[200]

Em relação à capacitação dos monitores, preocupação permanente de Nise, ressalte-se que "os monitores frequentavam palestras e reuniões destinadas ao acompanhamento dos casos clínicos, também implantadas por iniciativa de Nise. Ela os estimulava ainda a fazer cursos fora da instituição, para aquisição de técnicas a serem empregadas nas oficinas".[201] Dona Ivone Lara, antes de se tornar um dos grandes nomes do samba, foi uma das destas monitoras.

---

[198] HORTA, Bernardo Carneiro. *Nise, arqueóloga dos mares*. 2. ed. Rio de Janeiro: Aeroplano, 2009, p. 92.

[199] NISE da Silveira, vida e obra. *Centro de Cultura do Ministério da Saúde*. Disponível em: http://www.ccms.saude.gov.br/nisedasilveira/secao-de-terapeutica-ocupacional.php. Acesso em: 28 fev. 2023.

[200] MACEDO, Vera. A importante contribuição da obra de Nise da Silveira para a Psicologia Analítica de Jung. *Junguiana*, São Paulo, v. 39, p. 29-42, n. 2, jul./dez. 2021. Disponível em: http://pepsic.bvsalud.org/scielo.php?script=sci_arttext&pid=S0103-08252021000200004. Acesso em: 28 fev. 2023.

[201] MELLO, Luiz Carlos. *Nise da Silveira*: caminhos de uma psiquiatra rebelde. Rio de Janeiro: Automatica, 2014, p. 16.

Felipe Magaldi destaca que, após se deparar com os métodos psiquiátricos convencionais, Nise da Silveira passou a ser opor aos mesmos, por considerá-los ineficazes, violentos e muito semelhantes às torturas que havia presenciado no cárcere. E, ao ser transferida de setor, passando a atuar em um local desprovido de organização rigorosa e caracterizado por trabalhos braçais, serviços de limpeza e falta de verbas, "Nise se engajou na transformação desse ambiente em um laboratório de experimentação criativa". Destaca ainda que ela realizou tais experimentações com método científico:

> Em parceria com o artista plástico Almir Mavignier, então um funcionário burocrático da instituição, passou a desenvolver aí um trabalho envolvendo atividades expressivas como forma de tratamento para as então chamadas doenças mentais. Com base nas proposições da filosofia de Baruch de Spinoza, do teatro de Antonin Artaud e da psicologia analítica de Carl Jung, sustentou que práticas como a pintura e a escultura eram capazes de ensejar uma eficácia terapêutica, desde que realizadas em um ambiente de afeto e convivência. Ademais, entendeu que as imagens criadas por seus pacientes constituíam ferramentas privilegiadas para o estudo do inconsciente, devendo ser arquivadas, catalogadas e estudadas em série.[202]

Nise foi inovadora, mesmo sem ter criado a terapia ocupacional. Tampouco, não foi a médica alagoana a primeira que defendeu a utilização de tais métodos ocupacionais nos tratamentos psiquiátricos. Isto já havia acontecido em outros contextos, seja no Brasil, seja no mundo. Para José Otávio Motta Pompeu e Silva, a originalidade de Nise da Silveira se dá porque ela "utilizou velhos conceitos da terapia ocupacional e realizou uma revisão de várias teorias e muitos métodos contemporâneos à época em que desenvolveu seu trabalho. Assim, ela recriou a maneira de utilizar a ocupação e as atividades como meios terapêuticos e de acesso ao que sente o doente mental".[203]

Acrescenta que, "a compreensão da terapêutica ocupacional estudada e exercida por Nise é primordial para entender a originalidade e inovação do que foi descoberto nos ateliês e oficinas do Engenho de

---

[202] MAGALDI, Felipe. *Mania de liberdade:* Nise da Silveira e a humanização da saúde mental no Brasil. Rio de Janeiro: Fiocruz, 2020, p. 16.
[203] POMPEU E SILVA, José Otávio Motta. *A arte na terapia ocupacional de Nise da Silveira.* In: POMPEU E SILVA, José Otávio Motta (org.). *Nise da Silveira.* Rio de Janeiro: Fundação Miguel de Cervantes, 2013. (Coleção Memória do Saber), p. 112.

Dentro e, posteriormente, na Casa das Palmeiras. Ela utilizou um novo modo de tratamento e comunicação com pessoas com esquizofrenia".[204] Ainda sobre a marca do trabalho de Nise, José Otávio Motta Pompeu e Silva registrou com grande precisão onde estão suas originalidade e genialidade:

> A originalidade da psiquiatra brasileira não foi a de criar uma nova teoria. A genialidade foi juntar a teoria ocupacional ativa de Herman Simon, que propunha a adaptação e a ressocialização do doente, com a ideia de Jung, de que a expressão plástica despotencializaria a energia psíquica investida na esquizofrenia. A isso, Nise associou ainda a ressalta de Freud, que isto precisava ser trazido para o mundo real por meio de alguma linguagem inteligível pelo paciente, o que ela chamou de pontes para o consciente e que eram o modo de evitar que o doente não submergisse no mar do inconsciente, perdendo totalmente a razão. Ela sempre repetia que precisava de mergulhadores que colocassem seus escafandros e não tivessem medo do mar profundo do inconsciente.[205]

Ainda sobre o caráter inovador do trabalho de Nise, já se destacou que "seu trabalho possuiu um cunho clínico, pois visava à terapêutica e a um novo olhar científico, como uma nova produção de saber".[206] Ademais, "seu trabalho antecedeu os movimentos de renovação da psiquiatria na Inglaterra (década de 1960), na Itália (década de 1970) e no Brasil (década de 1980)".[207]

Evidentemente, com tanta coisa nova acontecendo, surgiram muitos críticos e opositores ao trabalho desenvolvido por Nise da Silveira:

> Nise foi muito estigmatizada e lidava com forte resistência da maioria de seus colegas psiquiatras que consideravam o método por ela empregado como subalterno e não científico – "uma brincadeirinha!".

---

[204] POMPEU E SILVA, José Otávio Motta. *A arte na terapia ocupacional de Nise da Silveira*. In: POMPEU E SILVA, José Otávio Motta (org.). *Nise da Silveira*. Rio de Janeiro: Fundação Miguel de Cervantes, 2013. (Coleção Memória do Saber), p. 113.

[205] POMPEU E SILVA, José Otávio Motta. *A arte na terapia ocupacional de Nise da Silveira*. In: POMPEU E SILVA, José Otávio Motta (org.). *Nise da Silveira*. Rio de Janeiro: Fundação Miguel de Cervantes, 2013. (Coleção Memória do Saber), p. 129.

[206] DAMIÃO JÚNIOR, Maddi. Fundamentos do método de Nise da Silveira: clínica, sociedade e criatividade. *Junguiana*, São Paulo, v. 39, n. 1, p. 91-100, jan./jun. 2021. Disponível em: http://pepsic.bvsalud.org/scielo.php?script=sci_arttext&pid=S0103-08252021000100007. Acesso em: 01 mar. 2023.

[207] MUSEU de Imagens do Inconsciente. Disponível em: https://www.museuimagensdoinconsciente.org.br/sobre. Acesso em: 01 mar. 2023.

A esse respeito, em 1948, fez um registro, em um relatório interno hospitalar, denunciando o descrédito dos diretores e colegas em relação ao seu trabalho: "A Seção de Terapêutica Ocupacional ainda não logrou funcionar como uma unidade estreitamente articulada às demais unidades que fazem parte do plano geral de tratamento dos nossos doentes. Isso decorre do fato de a maioria não considerar as ocupações como agentes terapêuticos que necessitam ser dosados e individualmente receitados, porém como alguma coisa acessória e secundária, uma distração, um divertimento".[208]

Ainda neste contexto, em entrevista concedida em 1993, Nise da Silveira se queixava do fato de que, no início, seu trabalho não era levado a sério. Consideravam-no mesmo um circo. "Seria uma brincadeira, como a que se faz para crianças. Fiz festival de poesia, festival de música com composições deles, e isto era considerado brincadeira".[209]

Ao passar a utilizar a terapêutica ocupacional como método de tratamento psiquiátrico, Nise da Silveira percebeu que as atividades que poderiam ser atribuídas a seus pacientes eram as mais variadas: arteterapia (pintura, desenho, modelagem, música, dança, teatro), práticas lúdicas e esportivas, atividades recreativas, terapia assistida por animais, exposições etc.

Mas como realizar tantas atividades em um ambiente tão precário? Na realidade, as dificuldades presentes naquele hospital da rede pública nunca foram encaradas como obstáculos intransponíveis. Quando Nise da Silveira instalou a primeira oficina, a de costura, encontrou uma monitora que não estava trabalhando e lhe perguntou o motivo. "A monitora replicou: não temos mesa, nem cadeira. Sua resposta foi imediata: trabalhar no chão. Em outra ocasião, o monitor de jogos recreativos estava parado por falta de material. Ela não perdeu tempo – tirou a sua meia e disse para o monitor fazer uma bola, como os meninos nas brincadeiras de rua".[210]

---

[208] MACEDO, Vera. A importante contribuição da obra de Nise da Silveira para a Psicologia Analítica de Jung. *Junguiana*, São Paulo, v. 39, p. 29-42, n. 2, jul./dez. 2021. Disponível em: http://pepsic.bvsalud.org/scielo.php?script=sci_arttext&pid=S0103-08252021000200004. Acesso em: 28 fev. 2023.

[209] GUIMARÃES, Márcia. O inconsciente é um oceano. Entrevista publicada originalmente na revista *Rio Artes*, em junho de 1933. In: MELLO, Luiz Carlos (org.). *Encontros Nise da Silveira*. Rio de Janeiro: Azougue Editorial, 2023, p. 197.

[210] MELLO, Luiz Carlos. Nise da Silveira: a paixão pelo inconsciente. In: *Quatérnio – Revista do Grupo de Estudos C. G. Jung*, Homenagem Nise da Silveira, Rio de Janeiro, n. 8, 2001., p. 10.

Em excelente estudo sobre o papel de Nise da Silveira para a humanização da saúde mental no país, Felipe Magaldi explica:

> Conclui-se que o projeto médico-científico de Nise da Silveira, ao sugerir uma determinada concepção de natureza baseada em um novo tratamento para a loucura, poderia ser caracterizado como propositor de um monismo vitalista, questionando, portanto, a própria noção de um humano separado dos outros entes do cosmos, isto é, do estabelecimento de uma separação radical entre natureza e cultura. Sua biopolítica, por conseguinte, não consiste somente uma forma alternativa, humanizada de governo dos corpos, das populações e da vida, mas também uma reconfiguração própria do que é vida ou do que conta como vida, fundamentada na noção de uma unidade das coisas. Eis o mote de um trabalho desenvolvido ao longo de décadas, que seria sintetizado, finalmente em um dos últimos livros da médica, *Cartas a Spinoza*, em que demonstra a relação intrínseca entre a condição humana e uma determinada concepção de natureza: "Todos os seres, todos os elementos da natureza, todas as coisas deveriam ser tratados com reverência".[211]

Em todas as atividades imaginadas, propostas e implementadas por Nise, além da inovação, estavam presentes outros fatores, verdadeiros diferenciais do trabalho da médica alagoana. Dentre eles, destaque para o afeto. Ao falar sobre as atividades dos ateliês, Nise destacava que "ali eles podiam encontrar, pelo menos, um oásis de afeto em meio a tantas agressões e indiferenças".[212]

Ainda sobre os citados fatores diferenciais, "já no ano de 1946, Nise lançou a base de uma "revolução psiquiátrica", fundada nos princípios de liberdade, afeto, inclusão e transdisciplinaridade". Registre-se que:

> os princípios que a nortearam em seu trabalho podem ser sintetizados como o "afeto catalizador" e "as força autocurativas do inconsciente", além da "emoção de lidar". Assim, caso fossem proporcionados liberdade e acolhimento ao dito "louco", ele teria condições de se recuperar, não como a sociedade poderia esperar, de forma reprodutiva, mas singularmente. Isto significa que seria uma recuperação a partir de suas experiências mais específicas, se afastando da desordem psíquica e construindo narrativas, através das imagens que o tornassem autores de

---

[211] MAGALDI, Felipe. *Mania de liberdade:* Nise da Silveira e a humanização da saúde mental no Brasil. Rio de Janeiro: Fiocruz, 2020, p. 21.
[212] MELLO, Luiz Carlos. *Nise da Silveira*: caminhos de uma psiquiatra rebelde. Rio de Janeiro: Automatica, 2014, p. 97.

suas histórias (narradores). Neste sentido, Nise da Silveira chamou esse cenário de "inumeráveis estados do ser", buscando em Artaud (2006) a compreensão de diferentes – e legítimos – modos de estar no mundo.[213]

Dentre as atividades desenvolvidas a partir das iniciativas de Nise da Silveira, algumas merecem uma especial referência. A primeira delas diz respeito às exposições organizadas para apresentar os trabalhos dos frequentadores do Centro Psiquiátrico Pedro II. A primeira exposição ocorreu em 22 de dezembro de 1946, nas dependências do hospital, apenas dois meses após a abertura do ateliê de pintura. Entre 1946 e 1999, "Nise foi responsável pela organização e supervisão científica de noventa e oito exposições".[214]

Em 1947, ocorreu a primeira exposição fora das instalações do hospital: o local foi o edifício sede do Ministério da Educação, no centro do Rio de Janeiro. Em 1949, Nise conseguiu algo inacreditável (para os céticos, é claro): uma exposição dos trabalhos dos internos no Museu de Arte Moderna de São Paulo. A exposição, cujo título era "9 artistas de Engenho de Dentro", teve um catálogo, onde Nise já expunha sua opinião:

> O diretor do Museu de Arte Moderna de São Paulo visitou o estúdio de pintura e escultura do Centro Psiquiátrico do Rio, e não teve dúvida em atribuir valor artístico verdadeiro a muitas das obras realizadas por homens e mulheres ali internados. Talvez esta opinião de um conhecedor de arte deixe muita gente surpreendida e perturbada. É que os loucos são considerados comumente seres embrutecidos e absurdos. Custará admitir que indivíduos assim rotulados em hospícios sejam capazes de realizar alguma coisa comparável às criações de legítimos artistas – que se afirmem justo no domínio da arte, a mais alta atividade humana.[215]

Ao perceber o valor dos trabalhos artísticos, surgiu outra iniciativa extraordinária oriunda de Nise da Silveira: a criação do Museu de Imagens do Inconsciente, inaugurado no dia 20 de maio de 1952, e que

---

[213] DAMIÃO JÚNIOR, Maddi. Fundamentos do método de Nise da Silveira: clínica, sociedade e criatividade. *Junguiana*, São Paulo, v. 39, n. 1, p. 91-100, jan./jun. 2021. Disponível em: http://pepsic.bvsalud.org/scielo.php?script=sci_arttext&pid=S0103-08252021000100007. Acesso em: 01 mar. 2023.

[214] MELLO, Luiz Carlos. *Nise da Silveira*: caminhos de uma psiquiatra rebelde. Rio de Janeiro: Automatica, 2014, p. 329.

[215] MELLO, Luiz Carlos. *Nise da Silveira*: caminhos de uma psiquiatra rebelde. Rio de Janeiro: Automatica, 2014, p. 18.

reúne um inestimável acervo de pinturas, desenhos e esculturas dos pacientes atendidos pelo hospital psiquiátrico.

A qualidade dos trabalhos dos pacientes impressionava a todos, a ponto de um diretor do hospital (Dr. Carvalho) ter desconfiado de sua autoria. Nise conta: "ele dizia que eu levava, de noite, às escondidas, quadros do Di Cavalcanti, Portinari e outros artistas para o museu, e dizia que eram pintados pelos internos (risos)".[216]

Internos como Adelina Gomes, Fernando Diniz, Carlos Pertuis, Emygdio de Barros, Lúcio Noeman e Rafael Domingues fizeram parte das atividades do ateliê de pintura e passaram a ser reconhecidos como artistas de grande talento.

Nise sempre destacava que, para ela, em relação aos trabalhos expostos, não havia qualquer valor que superasse o científico: "se fossem vendidas as pinturas, esculturas e outros objetos, não existiria museu algum. Dá para entender? Seriam dispersadas as formas reveladoras do interior da psique, isto é, o material que verdadeiramente interessa à psiquiatria".[217]

Ressalte-se ainda que o Museu de Imagens do Inconsciente tem um reconhecido valor não apenas para a psiquiatria brasileira, mas para toda a humanidade:

> O Museu de Imagens do Inconsciente (MII) foi inaugurado em 1952 e é um centro de estudos e pesquisa na área da saúde mental, aberto ao público. Ali são realizadas exposições com obras de clientes que frequentaram o espaço em diferentes épocas, estando em cartaz atualmente a mostra Museu Vivo, que apresenta parte da produção atual. O espaço cuida da organização e da conservação das mais de 350 mil obras produzidas nos ateliês e do acervo pessoal de Nise da Silveira. Em 2003, o Instituto do Patrimônio Histórico e Artístico Nacional (Iphan) aprovou o tombamento das principais coleções do MII (128.909 obras). Em 2014, o arquivo pessoal de Nise da Silveira foi reconhecido como Memória do Mundo pela Unesco.[218]

De acordo com o sítio eletrônico da própria instituição, além das exposições internas e externas:

---

[216] GULLAR, Ferreira. *Nise da Silveira*: uma psiquiatra rebelde. Rio de Janeiro: Relume Dumará, 1996. (Perfis do Rio), p. 32.
[217] GULLAR, Ferreira. *Nise da Silveira*: uma psiquiatra rebelde. Rio de Janeiro: Relume Dumará, 1996. (Perfis do Rio), p. 33.
[218] O LEGADO. *Itaú Cultural*. Disponível em: https://www.itaucultural.org.br/ocupacao/nise-da-silveira/o-legado/. Acesso em: 01 mar. 2023.

o Museu realiza publicações e documentários, cursos, palestras e debates. Oferece um Grupo de Estudos sobre temas ligados ao acervo e aos ateliês, cujas reuniões são abertas a todos os interessados. O complexo de atividades geradas pela interatividade de todos os setores estimula o convívio entre freqüentadores, técnicos, funcionários, visitantes, animais co-terapeutas – e as imagens. Como resultado desse convívio, o Museu continua a manter sua característica fundamental: um território de liberdade para a expressão de vivências internas e exaltação da criatividade.[219]

O Museu de Imagens do Inconsciente fica no Instituto Municipal Nise da Silveira (antigo Centro Psiquiátrico Pedro II), no seguinte endereço: Rua Ramiro Magalhães, 521 – Engenho de Dentro, CEP 20730-460 – Rio de Janeiro.

Em 1974, foi criada a Sociedade de Amigos do Museus das Imagens do Inconsciente (SAMII), responsável pelos grandes projetos realizados no Museu, como "reformas e infraestrutura da sede, contratação de técnicos e pesquisadores, acondicionamento e documentação do acervo, apoio às atividades terapêuticas, exposições, documentários, publicações – a Sociedade está presente no dia a dia do museu. Parcerias com instituições públicas e privadas têm ajudado a alavancar esse trabalho".[220]

Por sua vez, em 1956, Nise ajudou a criar a Casa das Palmeiras, cujo objetivo era de dar suporte aos pacientes egressos do hospital, especialmente diante do alto número de reinternações. "Nise sabia que as recaídas eram provocadas pelas barreiras de reintegração dos ex-pacientes à vida na comunidade. Vale ressaltar que depois de surtos psicóticos, quem os sofre fica muito fragilizado, necessitando de apoio para a reestruturação do 'eu'".[221] De acordo com o *blog* da própria instituição:

---

[219] MUSEU de Imagens do Inconsciente. Disponível em: https://www.museuimagensdo inconsciente.org.br/sobre. Acesso em: 01 mar. 2023.

[220] MUSEU de Imagens do Inconsciente. Disponível em: https://www.museuimagensdo inconsciente.org.br/sobre. Acesso em: 01 mar. 2023.

[221] DAMIÃO JÚNIOR, Maddi. Fundamentos do método de Nise da Silveira: clínica, sociedade e criatividade. *Junguiana*, São Paulo, v. 39, n. 1, p. 91-100, jan./jun. 2021. Disponível em: http://pepsic.bvsalud.org/scielo.php?script=sci_arttext&pid=S0103-08252021000100007. Acesso em: 01 mar. 2023.

A Casa das Palmeiras é uma Instituição de reabilitação mental com Atividades Expressivas – Terapêuticas Ocupacionais, Emoção de Lidar, em regime aberto, idealizada por Dra. Nise Magalhães da Silveira, fundada por ela com a colaboração da psiquiatra Maria Stela Braga, da artista plástica Belah Paes Leme, da assistente social Ligia Loureiro e da educadora Alzira Lopes Cortes, na presença de muitos amigos, num domingo à tarde, dia 23 de dezembro de 1956. A Casa das Palmeiras não segue padrões convencionais de reabilitação psiquiátrica. É um pequeno território de relações humanas afetivas e de atividades criadoras onde os clientes têm a oportunidade de, espontaneamente, realizarem seus trabalhos expressivos lhes facilitando a entrada em contato com a vida. Os trabalhos são assinados, datados e arquivados para serem estudados em série. Método inspirado na prática terapêutica ocupacional a partir da observação com os próprios clientes e enriquecidos com a Psicologia Analítica de C. G. Jung. A Casa das Palmeiras é pioneira na América Latina e inovadora na história da moderna psiquiatria. Reconhecida de utilidade pública pela lei número 176 de 16 de outubro de 1963.[222]

Sobre a Casa das Palmeiras, Nise declarou que "o doente que sai do hospital, com seus sintomas clínicos superados, não está de modo algum em condições de enfrentar a vida tal como ela se apresenta. Ele precisa de uma ponte entre o hospital e a vida social. A Casa das Palmeiras é, precisamente, uma experiência de ponte". Embora seja uma instituição privada (beneficente, sem fins lucrativos), em 1967, Nise já cobrava das autoridades públicas um maior reconhecimento e apoio às atividades desenvolvidas pela instituição: "já apelamos para o Governo do Estado, no sentido de que não permita que cesse esse serviço de ordem pública. Ainda não conseguimos sensibilizar – em grau suficiente – as autoridades. Mas espero que isso aconteça breve".[223]

A instituição, que vive da ajuda e apoio financeiro de voluntários, depois de ter funcionado vários anos no bairro da Tijuca, atualmente está situada no seguinte endereço: Rua Sorocaba 800, CEP 22271-100, Botafogo, Rio de Janeiro, Brasil.

Outra grande iniciativa de Nise da Silveira era algo bastante simples, mas que encontrou grande resistência: o uso de animais do-

---

[222] CASA das Palmeiras. Disponível em: http://casadaspalmeiras.blogspot.com/. Acesso em: 01 mar. 2023.

[223] SILVEIRA, Nise da. Minha vida na Casa da Solidão. Artigo publicado na Revista Manchete em 10 de junho de 1967. *In*: FERREIRA, Martha Pires (org.). *Senhoras das imagens internas*: escritos dispersos de Nise da Silveira. Rio de Janeiro: Cadernos da Biblioteca Nacional, 2008, p. 83.

mésticos como fator auxiliar do tratamento psiquiátrico. Nise chamava os animais de coterapeutas. Sobre esta questão:

> A aproximação dos internos do Centro Psiquiátrico Pedro II no Rio de Janeiro começou por acaso quando foi encontrada uma cadelinha abandonada e faminta no terreno do hospital. Nise tomou-a nas mãos e, percebendo a atenção de um dos internos, perguntou-lhe se gostaria de tomar conta do bichinho, "com muito cuidado". Diante da resposta afirmativa, a psiquiatra deu o nome à cachorrinha de Caralâmpia (personagem de *A terra dos meninos pelados* de Graciliano Ramos, inspirada nela). Os resultados terapêuticos da incumbência assumida pelo paciente foram excelentes. Em sua obra, a médica faz referência a outros casos em que ocorrem relações afetivas entre pacientes e animais: Abelardo, paciente temido por sua irritabilidade e força física, assumia postura tranquila e centrada quando tomava conta de alguns cães e gatos, mostrando-se apto a cuidar deles e investir afeto. Já a paciente Djanira teve sua capacidade criativa como pianista retomada por meio da relação com bichos. Nem sempre, porém, as relações eram amistosas. "Os animais recebem também projeções de conteúdos do inconsciente, que os tornam alvos de ódio ou temor excessivo", escreveu a psiquiatra. Em seu trabalho pioneiro com essas pessoas, a médica desenvolveu o conceito de afeto catalisado. Ela percebeu a facilidade com que esquizofrênicos se vinculavam aos cães. Ela partiu da ideia de que é importante que o paciente conte com a presença não invasiva de um co-terapeuta que permaneça com o doente, funcionando como ponto de apoio seguro a partir do qual o doente possa se organizar psiquicamente. Após ilustrar exemplos de co-terapeutas humanos, Nise afirma que animais são "excelentes catalisadores". Segundo ela, eles "reúnem qualidades que os fazem aptos a tornar-se ponto de referência estável no mundo externo", facilitando a retomada de contato com a realidade.[224]

Estudiosa, Nise procurou se aproximar do professor norte-americano Boris Levinson, que vinha trabalhando com crianças e cães. Tal professor havia desenvolvido um estudo comparativo entre duas enfermarias de um hospital dos Estados Unidos: em uma, havia o uso de animais de estimação para o auxiliar o tratamento, e na outra não. Nise descobriu "estatisticamente que o nível de medicação foi o dobro na enfermaria onde não havia animais, o mesmo acontecendo com o nível de violência e tentativas de suicídio". Ela revelou ainda que a oposição que sofria pelo uso de animais era tamanha, que chegaram

---

[224] LESSA, Patrícia. "Silveira, Nise da". *Diccionario biográfico de las izquierdas latinoamericanas*. Disponível em: https://diccionario.cedinci.org/silveira-nise-da/. Acesso em: 01 mar. 2023.

a até mesmo a matar os animais do hospital. "Verdadeira matança. Espalhavam "bolas" – comida com veneno – por ali, os bichos comiam e morriam. Num dia só, morreram nove".[225]

Após este episódio e ao que um diretor do hospital, aproveitando-se das férias da médica alagoana, mandou recolher seis animais coterapeutas, Nise tomou uma atitude de extrema coragem, mas que acreditou ser necessária para defender os pacientes, os animais e os tratamentos adotados: em 17 de janeiro de 1960, ela apresentou uma carta em que colocava à disposição seu cargo de chefe do Setor de Terapêutica Ocupacional e solicitava transferência para outro setor do hospital.

Em um trecho da ousada carta, vê-se a postura de uma servidora pública consciente de seus deveres, mas que também sabia como enfrentar injustiças:

> [...] estou sempre pronta a acatar ordens de meus diretores, porém jamais aceitaria que um administrador, usando métodos de capataz de serviços rurais, trate-me com insolência e pretenda estender seu domínio sobre a seção cuja orientação técnica estava a meu cargo. [...] É bem compreensível que eu tenha apego a um trabalho ao qual dediquei, durante longos anos, bastante mais tempo do que um esforço de rotina. Ser-me-ia, entretanto, impossível continuar realizando meu modesto trabalho de caráter científico em repartições onde um administrador pretende capatazear médicos.[226]

O impacto gerado pela carta foi imediato, com muitos segmentos da sociedade civil tendo se posicionado e demonstrado solidariedade em favor de Nise (até mesmo o Vice-Presidente da Câmara dos Deputados). Nise venceu mais esta batalha: houve o afastamento do citado "administrador-capataz" e o retorno da médica alagoana ao seu setor de origem em menos de quinze dias, onde ela pôde continuar a contar com seus coterapeutas.

Na realidade, Nise era uma apaixonada pelos animais[227] e grande defensora destes seres vivos. A médica alagoana chegou até mesmo a

---

[225] GULLAR, Ferreira. *Nise da Silveira*: uma psiquiatra rebelde. Rio de Janeiro: Relume Dumará, 1996. (Perfis do Rio), p. 31.

[226] MELLO, Luiz Carlos. *Nise da Silveira*: caminhos de uma psiquiatra rebelde. Rio de Janeiro: Automatica, 2014, p. 107.

[227] Nise amava especialmente os gatos, a quem dedicou um livro (Gato, a emoção de lidar) e de quem cuidava (em grande número) em seu apartamento.

organizar o livro *A farra do boi, do sacrifício na antiguidade* à *farra do boi catarinense*.

Outra iniciativa de Nise foi o uso de prática esportiva para os internos. Ela própria relatou como aconteceu um episódio vivenciado a partir de uma parceria entre a médica alagoana e um campeão olímpico:

> Naquele tempo havia intercâmbio que permitia estudantes de um país ir fazer estágio em outro. Então, veio para o Centro Psiquiátrico Nacional um estudante estrangeiro que me ajudou muito chamado Pierre Le Gallais. Ele ficou comigo um tempo a serviço do Maurício Medeiros, diretor do Centro Psiquiátrico Nacional, mas circulava por todo o hospital. Quando conheceu o nosso trabalho, que estava começando no STOR (Setor de Terapêutica Ocupacional e Reabilitação), e que não tinha nada dos tratamentos em voga aquela época, ele se encantou. Pediu ao Medeiros para ser transferido para o meu setor, onde se estudavam coisas como o espaço e o tempo na esquizofrenia, coisas que ele só tinha visto na Europa. Foi então que tive mais uma de minhas loucuras. Sabendo que ele tinha sido campeão olímpico na França, lhe perguntei: "Pierre, você sabe as dimensões exatas de uma quadra de vôlei?" Ele disse: "Claro que sei". E eu: "Então, vai fazer a quadra". Jamais um funcionário do hospital pegaria numa pá. Ele não teve a menor dúvida. Pegou uma pá e começou a trabalhar. Quando os funcionários viram um médico fazer isso, vários aderiram. [...] Formamos uma equipe de vôlei e chegamos a desafiar a equipe de Educação Física. E naturalmente os rapazes da Educação Física perderam. Facilitaram, jogando com doidos... A plateia foi a mais seleta, como se diz no soçaite. O Pierre convidou até o adido cultural da França. Um estouro![228]

Cabe ainda registrar a utilização das artes dramáticas. Luiz Carlos Mello lembra que em 1969, "acontece a primeira representação no Brasil de As Bacantes, de Eurípedes, com a participação de artistas, funcionários e clientes da STOR".[229]

Como se vê, detentora de um grande caráter inovador, Nise da Silveira foi muito além do que se esperava de uma servidora pública, geralmente preocupada com o cumprimento de suas rotinas burocráticas.

Ela fazia questão de destacar que a criatividade era importante tanto em seu trabalho, como nas atividades desenvolvidas pelos

---

[228] GULLAR, Ferreira. *Nise da Silveira*: uma psiquiatra rebelde. Rio de Janeiro: Relume Dumará, 1996. (Perfis do Rio), p. 29.
[229] MELLO, Luiz Carlos. *Nise da Silveira*: caminhos de uma psiquiatra rebelde. Rio de Janeiro: Automatica, 2014, p. 316.

pacientes: "Tenho orgulho de dizer que transformei o serviço subalterno em serviço de alta categoria. O trabalho que se fazia na Terapia Ocupacional era tudo repetitivo quando fui designada para lá. Eles faziam tudo igual todos os dias. Não existe coisa pior. Criamos oficinas de trabalho criativo, nada de repetitivo e chegar a criar 17 oficinas expressivas".[230]

Acrescentava que "todo mundo deve inventar alguma coisa, a criatividade reúne em si várias funções psicológicas importantes para a reestruturação da psique. O que cura, fundamentalmente, é o estímulo à criatividade".[231]

---

[230] FERREIRA, Martha Pires (org.). *Senhoras das imagens internas*: escritos dispersos de Nise da Silveira. Rio de Janeiro: Cadernos da Biblioteca Nacional, 2008, p. 321.

[231] FERREIRA, Martha Pires (org.). *Senhoras das imagens internas*: escritos dispersos de Nise da Silveira. Rio de Janeiro: Cadernos da Biblioteca Nacional, 2008, p. 314.

CAPÍTULO 9

QUALIFICAÇÃO

NISE VAI ESTUDAR COM JUNG NA SUÍÇA

De forma inovadora e humanizante, desde seu retorno ao serviço público em 1944, Nise da Silveira passou a fazer uso do afeto (catalizador), da "emoção de lidar", do acolhimento, da confiança, da liberdade, da criatividade e da arteterapia para tratar seus pacientes (chamados de clientes), após se insurgir contra os métodos convencionais da psiquiatria, como a internação compulsória, os eletrochoques, a insulinoterapia, a lobotomia e a utilização indiscriminada de medicação.

Conforme analisado no capítulo anterior, Nise começou sua jornada de rebeldia de forma intuitiva, uma vez que muito daquilo que ela fazia era pioneiro e experimental. Observando os resultados de seus tratamentos sobre os internos do Centro Psiquiátrico Nacional Pedro II, começou a confirmar algumas ideias que havia formatado ao longo de sua vida, como o papel do afeto, do acolhimento, das atividades que ocupassem os pacientes, dos animais como coterapeutas, dentre outras.

Verdadeiramente apaixonada pelos livros e pelos estudos, Nise da Silveira era uma genuína cientista. Sabia que havia muito que aprender. Precisava de muitas respostas. Necessitava se aperfeiçoar, algo que buscou durante toda a vida.

"Algo em seu interior necessitava ser conhecido, ser trabalhado", o que passou a ocorrer quando Nise se mudou para a Suíça, a fim de estudar no Instituto C.G. Jung e a fazer análise com Marie-Louise von Franz, quem Nise considerava "a mulher mais inteligente da Europa".[232] Von Franz, por sua vez, dissera sobre (e à) Nise: "É muito

---

[232] KUMMER, Dídimo Otto. *Nise*: abecedário de uma libertadora. Maceió: Catavento, 2004, p. 27.

reconfortante saber que alguém compreendeu tão bem Jung, do outro lado do mundo. E eu admiro a clareza e a coragem pela qual você diz o que deve ser dito".²³³

A concepção deste projeto de capacitação teve seu início quando Nise começou a analisar os trabalhos artísticos produzidos pelos internos, circunstância que despertou uma grande inquietação intelectual:

> Uma história: em 1946, Dra. Nise começou uma abordagem interpretativa das produções dos doentes no atelier de pintura do Hospital Pedro II. Procurava descobrir, dentro da teoria freudiana, conflitos exclusivamente de natureza pessoal no conteúdo latente desses trabalhos. Um detalhe, no entanto, começou a causar preocupação: no meio de imagens de total desagregação, esperáveis dentro de produtos de pacientes esquizofrênicos, apareciam, aqui e ali, símbolos de ordem: derivados do círculo e do quadrado, até mesmo círculos perfeitos. "Nesse tempo o que eu conhecia de Jung era muito pouco. Não havia traduções, só *Tipos psicológicos*, que foi o primeiro que eu li, e depois *A realidade da alma*, ambos em espanhol. Pra quem tinha estudado Freud nas obras completas... A solução foi ir juntando estas imagens misteriosas, por uma questão de método de pesquisa. Em um livro de divulgação da teoria junguiana, traduzido para o francês, uma parte das dúvidas foi esclarecida: aquelas imagens eram mandalas. Mas como mandalas? Como um símbolo de perfeição, usado até mesmo como instrumento de meditação pelos orientais, pode ser produzido por mentes tão desintegradas?" Até 1954 o número de mandalas colecionadas foi-se avolumando. Dra. Nise tomou uma decisão: fotografou mais de cem dessas imagens e anexou algumas a uma carta dirigida a nem mais nem menos que o próprio Jung.²³⁴

Assim, as pesquisas de Nise da Silveira foram aperfeiçoadas a partir do contato que ela travou com o suíço Carl Gustav Jung, um dos mais influentes pensadores do século XX. Fundador da escola analítica de psicologia, Jung inspirou os estudos da alagoana sobre o inconsciente, e Nise da Silveira acabou se tornando sua maior discípula no país, e a primeira e principal divulgadora do pensamento junguiano no Brasil.

---

[233] MELLO, Luiz Carlos. *In*: SILVEIRA, Nise da. *Imagens do inconsciente*. 4. reimp. Petrópolis: Vozes, 2018, trecho da apresentação do livro, p. 12.
[234] BOCAI, Davi; BUENO, Joel; LINS, Jussara; PAULO, José. Nise da Silveira, Antonion Artaud e Carl Gustav Jung. *In*: MELLO, Luiz Carlos (org.). *Encontros Nise da Silveira*. Rio de Janeiro: Azougue Editorial, 2023, p. 53.

Conforme destacado, o contato inicial entre a alagoana e o suíço ocorreu por intermédio de troca de correspondências, iniciada em 1954. Nise queria orientações de Jung sobre as mandalas que, de forma recorrente, eram encontradas nas pinturas de esquizofrênicos. Em uma das cartas, Nise escreveu:

> Professor C. G. Jung
> Mestre,
> No centro psiquiátrico do Rio de Janeiro, há, ao lado de outros setores de atividade do serviço de ocupação terapêutica, um ateliê onde os doentes desenham e pintam na mais completa liberdade. Nenhuma sugestão lhes é dada, nenhum modelo lhes é proposto. E, assim, imagens primordiais emergem nessas pinturas, trazendo uma empírica e convincente demonstração da psicologia analítica. Com minhas mais respeitosas homenagens, eu lhe envio algumas fotografias de pinturas que me parecem mandalas. Elas foram pintadas por esquizofrênicos. Está descartada qualquer possibilidade de influência cultural. Eu mal poderei expressar, Mestre, o quanto o estudo de seus livros tem trazido luz ao meu trabalho como psiquiatra, além de muito me ajudar pessoalmente.
> Creia-me sua mais humilde discípula
> Nise da Silveira.[235]

Jung prontamente respondeu as questões suscitadas. A primeira carta, entretanto, foi redigida pela secretaria de Jung e dirigida ao "Senhor" da Silveira:

> Caro senhor,
> o professor Jung me pediu para agradecer-lhe pelo envio das interessantes fotografias das "mandalas" desenhadas por esquizofrênicos. O senhor professor Jung fez diferentes perguntas que eu lhe repito aqui: O que esses desenhos disseram aos doentes, no que se refere aos seus sentimentos? O que eles queriam expressar por essas mandalas? Será que os desenhos têm alguma influência sobre eles? Além do mais, ele achou que os desenhos têm uma incrível regularidade, o que é raro nos desenhos de esquizofrênicos; isso demostra uma forte tendência do inconsciente em formar uma compensação ao caos do consciente. Ele também destacou que o número 4 (ou 8 ou 32 etc.) é prevalecente. Suponho que as cores dão ainda uma acentuação muito forte aos

---

[235] MELLO, Luiz Carlos. *Nise da Silveira*: caminhos de uma psiquiatra rebelde. Rio de Janeiro: Automatica, 2014, p. 145.

desenhos. Se o senhor não precisar deles, eu serei muito grata se pudermos guardar as fotos. Talvez o senhor terá a possibilidade de responder às perguntas do professor Jung, o que será de muito interesse para ele. Aceite, senhor, a expressão de nossa alta consideração.

Ass.: Aniela Jaffé

P.S. Para a compreensão psicológica, seria também interessante saber alguns dados biográficos dos pintores.[236]

Em outras cartas, onde houve a troca de fotografias de pinturas e esculturas. "A produção imagética do Engenho de Dentro passou a ser integrada ao arquivo do Instituto C. G. Jung, em Zurique, na Suíça".[237] Jung incentivou Nise a continuar pesquisando sobre o assunto, fazendo-lhe várias sugestões (como a pesquisa sobre mitologia), o que fez com que a alagoana tenha decidido participar do II Congresso Internacional de Psiquiatria, ocorrido em Zurique (cidade de Jung), em 1957.

Na realidade, Nise já havia sido convidada para participar do I Congresso Internacional de Psiquiatria, que ocorreu em Paris em 1950. Lá, apresentaria os trabalhos artísticos dos internos do Centro Psiquiátrico Pedro II.

Todavia, a Direção do Hospital foi ao Congresso e ela foi barrada. "Não deixaram que eu fosse. Aí eu fiz como Jacob: esperei os sete anos me preparando para ir à outra exposição. Juntei minhas licenças-prêmio, me candidatei a uma bolsa do Conselho Nacional de Pesquisa e escrevi para o Instituto Jung, pedindo para me inscrever. Veio uma carta assinada pelo próprio Jung. Aí eu disse: "quero ver quem vai me barrar agora!".[238]

Na carta em que convida Nise para participar do congresso e para aprofundar suas pesquisas em seu instituto, Jung diz: "Eu ficaria contente se, por meio da visita doutora Nise da Silveira, o contato entre os psiquiatras do Brasil e os da Suíça se aprofundasse. Certamente esse encontro será importante para o futuro tanto da psicologia quanto da psiquiatria".[239] Jung estava com a razão.

---

[236] MELLO, Luiz Carlos. *Nise da Silveira*: caminhos de uma psiquiatra rebelde. Rio de Janeiro: Automatica, 2014, p. 145.
[237] MAGALDI, Felipe. *Mania de liberdade:* Nise da Silveira e a humanização da saúde mental no Brasil. Rio de Janeiro: Fiocruz, 2020, p. 62.
[238] MELLO, Luiz Carlos. *Nise da Silveira*: caminhos de uma psiquiatra rebelde. Rio de Janeiro: Automatica, 2014, p. 150.
[239] MELLO, Luiz Carlos. *Nise da Silveira*: caminhos de uma psiquiatra rebelde. Rio de Janeiro: Automatica, 2014, p. 153.

"Com a aprovação, pelo CNPq, de uma bolsa de estudos de duração de um ano", Nise viajou à Suíça (Zurique) em 18 de abril de 1957, onde passou um ano pesquisando no Instituto C. G. Jung e onde fez análise com Marie-Louise von Franz, assistente do professor suíço. Neste período, Nise relata: "visitei duas vezes Jung e pude falar com ele outras vezes, em congressos e exposições. Mas esses encontros tiveram grande importância para mim. [...] Regressei ao Brasil com nova abertura e mais segura do que estava fazendo. Voltei a Zurique em 1961 e em 1964".[240]

Sobre a visita à casa do mestre suíço, no dia 13 de julho de 1957, Nise apresentou um tocante relato:

> Chego às 11:15 em ponto. Leio a inscrição no alto da porta da casa "Invocado ou não, Deus está presente" e entro cheia de emoção. A empregada conduz-me a uma pequena sala de espera onde passo momentos de grande ansiedade. Olho livros, quadros, estatuetas, mas minha percepção está incapaz de reter qualquer coisa. Depois de andar de um lado para outro sento-me ao lado de um pequeno armário com prateleira forrada de figurinhas X e X provável de vidro. Na prateleira que está pouco abaixo do nível da minha cadeira vejo de repente uma fisionomia conhecida. Ali estavam as figuras em porcelana de dois cães e um deles, com certeza, é a minha amiga Le Monstre. Minha percepção encontra um objeto para fixar-se. É bem o rosto de Le Monstre, com sua expressão de grande bondade, bem tranquila, bem segura dentro de seus instintos. As orelhas são as mesmas pequenas e abertas. Detenho-me observando que a distribuição do branco e do preto, porém, é diferente, a figura sendo quase o negativo do original.
>
> A porta se abre e eis-me na presença prof. Jung. Ele me conduz à sua biblioteca e enquanto o faz diz-me que as fotografias que lhe mandei do Brasil o interessou muito. Na biblioteca (não saberei descrever nada desta ampla sala), sento-me defronte dele, bem perto, junto a uma janela que se abre sobre o lago. Pergunta-me como encontrei seus livros. Respondo-lhe que seus livros são facilmente encontrados nas livrarias do Rio e que entre os psiquiatras brasileiros alguns estão interessados pela psicologia junguiana. Ele ficou surpreendido. Digo-lhe que me aprimorei de sua psicologia porque encontrei nela esclarecimento para problemas pessoais e de outra parte porque via na produção X dos meus doentes a confirmação daquilo que lia em seus livros. Ele retoma minhas palavras sobre a "siprificação" de sua psicologia em relação a meus problemas pessoais. Digo-lhe que me sinto rasgada em opostos.

---

[240] MELLO, Luiz Carlos. *Nise da Silveira*: caminhos de uma psiquiatra rebelde. Rio de Janeiro: Automatica, 2014, 155.

Ele diz que nas mulheres que estudam Animus toma uma grande força que está em oposição à sua própria natureza feminina. Ele pode ver quanto o meu Animus é violento "como um galo de briga". Conto-lhe o sonho onde ele aparece X à pequena mesa coberta por uma toalha cheia de estrelas. Não sei a constelação que formavam. Ele diz: É sempre assim. E interpreta o sonho mostrando a relação das estrelas com o psiquismo. Astrologia, horóscopo. Cada indivíduo é como uma estrela, como uma morada, sem janelas, segundo dizia Leibnitz. Esta é uma boa comparação. Os acontecimentos entre essas moradas operam-se por sincronicidade. Nosso plano de desenvolvimento está inserido dentro de nós. Se nós desviamos dele – e esses desvios (X) são sempre trabalho do consciente – "sobressaem" a neurose. Reencontra o seu plano pessoal de desenvolvimento é a cura. Quem segue o seu próprio caminho não pode tornar-se neurótico. "Helas je me suis éfarree!"

Digo-lhe que sua psicologia é uma concepção do mundo que dá sentido a todas as coisas e "vinificam" coisas pareciam ter sido mortas pelo racionalismo do século XIX.

– Sim, sua psicologia é uma filosofia na acepção antiga dessa palavra. Em árabe (?) a palavra filosofia significa não "taparelice", precipitação, mentira. Com efeito, muitas escolas filosóficas não são outra coisa. A verdadeira filosofia, no sentido grego, ensina a viver e é também um aprendizado para a morte. Porque a morte não é o fim. La mort est um beet. O marco de um recomeço. Digo: foi por isso que Sócrates não teve medo de morrer.

Prof. Jung diz: posso fazer-lhe uma pergunta? – De certo, todas as perguntas. Ele me interroga sobre minha família, sobre meu pai. E diz que antes de meu nascimento já estavam pré-formadas minhas possibilidades de compreensão da psicologia. Diz que eu tenho essas possibilidades. Acha muito importante a origem de pessoas. Ele vem de uma família a qual desde x gerações seus membros eram cultos. Esse prepara para a compreensão psicológica. Ele pode ver os arquétipos na sua atividade.

Interroga-me sobre meu trabalho no Rio, sobre minha viagem e sobre minha análise em Zurich. Digo-lhe que estou muito contente da minha análise com a Dra. von Franz. "Sim. Ela é um espírito muito universal". Falo-lhe de novo dos meus opostos: materialismo e catalicismo. Conto o sonho da hóstia de nilon. Ele interpreta: o inconsciente quer indicar que na hóstia a presença de Cristo não é um fato físico. É um símbolo e, como símbolo, pode ser feito de trigo, de metal e mesmo de nilon. É preciso transferir a numinosidade para o símbolo. Cristo como símbolo do sol. Deus em nós. Citação das palavras de Cristo: vós sois Deuses. Cristo – Le X (tom de voz_. Digo-lhe que acabo de ler a Resposta a José e que este livro foi também uma resposta para mim. Peço-lhe para autografar o exemplar que trouxe comigo. Promete-me, espontaneamente, tornar a ver-me antes de minha volta. Descendo a escada diz que eu fiz muito.

Bem em viajar por vapor. Que X vem de avião, deixam pedaços do outro lado e chegam aqui só pela metade. Por isso são Letement superficielles. Diz que esteve só durante 30 anos. Mesmo hoje ainda poucos aceitam verdadeiramente sua psicologia. As mandalas pintadas pelos doentes brasileiros são uma confirmação de muitos interesses. Ainda há quem diga que ele inventa estas coisas.[241]

No II Congresso Internacional de Psiquiatria, Nise da Silveira apresentou uma exposição, intitulada "A arte e a Esquizofrenia", que ocupou cinco salas, com pinturas e esculturas dos esquizofrênicos do Centro Psiquiátrico do Rio de Janeiro. Sobre este encontro, relatei em outra oportunidade:

> Durante o referido evento científico, o público presenciou mais um encontro inesquecível dos gigantes. As fotos publicadas na época mostram Nise e Jung conversando, enquanto caminham lado a lado, conhecendo a exposição organizada pela médica alagoana. A partir daí esta relação gerou frutos positivos para ambos e para a humanidade. Se de um lado Nise logrou compreender melhor o papel do inconsciente, Jung passou a considerar mais relevante a terapia ocupacional, especialmente com a arte, no tratamento de doentes mentais. Deste encontro inicial nasceu uma forte relação de admiração e amizade.[242]

A exposição "A esquizofrenia em imagens" foi "inaugurada pelo próprio Jung e montada com a participação de Almir Mavignier. Por ocasião deste congresso, Nise publicaria o artigo "Experiénce de l'art espontané chez lez esquizofrènes", em parceria com o médico francês Pierre Le Gallais",[243] aquele mesmo que havia sido atleta olímpico e havia, a pedido de Nise, instalado uma quadra para a prática de vôlei no hospital do Engenho de Dentro.

Sobre Carl Gustav Jung, Nise o considerava seu mestre. "Quando o encontrei foi como se tivesse encontrado um ponto de referência estável. Foi um parceiro de viagem ideal para navegar nesse mar agitado do inconsciente".[244]

---

[241] AS MANDALAS e a relação com C. G. Jung. *Itaú Cultural*. Disponível em: https://www.itaucultural.org.br/ocupacao/nise-da-silveira/jung/. Acesso em: 02 mar. 2023.

[242] CARVALHO, Fábio Lins de Lessa. *Atrevidos Caetés*: 50 encontros entre alagoanos & personalidades mundiais. Maceió: Viva, 2020, p. 194.

[243] MAGALDI, Felipe. *Mania de liberdade:* Nise da Silveira e a humanização da saúde mental no Brasil. Rio de Janeiro: Fiocruz, 2020, p. 62.

[244] KUMMER, Dídimo Otto. *Nise*: abecedário de uma libertadora. Maceió: Catavento, 2004, p. 98.

Em suas temporadas de estudos na Europa, Nise visitaria ainda outros países, como Alemanha (Ulm, Colônia) e Itália (Florença). Em Ulm, visitou o hospital Gutersloh, que foi dirigido por Hermann Simon, um dos mestres da terapêutica ocupacional. Em seu diário de viagem, Nise revelou com foi esta visita:

> Conhecer o hospital que Hermann Simon havia dirigido e organizado segundo seus princípios da hiperatividade terapêutica era um antigo desejo que tinha criado, através dos anos, muitas profundas raízes dentro de mim. Talvez por isto eu me sentisse cheia de élan ao chegar às suas portas, bem sustentadas por raízes [...] Simon dizia que, na assistência psiquiátrica, temos agido contra o Logos, e por isto fracassou nossa organização hospitalar, pois a lei primordial da criação é a atividade. A volta a essa lei significa, nos hospitais, tratamento ativo e mesmo hiperativo. Fomos visitar o cemitério do hospital. Os doentes que morrem no hospital são aí sepultados. Muitos funcionários também repousam no mesmo solo. O hospital é uma comunidade onde todos se sentem integrados não só pela vida, mas também para a morte. O túmulo de H. Simon lá está, e o da sua esposa ao seu lado. Na pedra tumular, muito simples, lê-se:
> Dr. Herman Simon
> 22/3/1867 – 14/11/1947
> Ich müss wirken, so lang es tag ist[245][246]

Por sua vez, ao visitar a imponente Catedral de Colônia, Nise "encontrou o mosaico de Dioniso, que foi decisivo no desenvolvimento de seu ensaio sobre o tema mítico desse deus grego".[247] Mais que as experiências vivenciadas, Nise descobriu no Velho Mundo muitas das respostas que vinha procurando.

Neste sentido, "Dra. Nise encontrou o embasamento teórico que procurava em Jung, quem primeiro afirmara, em 1907, que a esquizofrenia (ou demência precoce, como era chamada) não era explicada pela medicina organicista e que seus sintomas podiam ser compreendidos psicologicamente".[248]

---

[245] MELLO, Luiz Carlos. *Nise da Silveira*: caminhos de uma psiquiatra rebelde. Rio de Janeiro: Automatica, 2014, p. 158.
[246] Escrita em alemão, a frase significa "Devo trabalho enquanto é dia" (tradução do autor).
[247] MELLO, Luiz Carlos. *Nise da Silveira*: caminhos de uma psiquiatra rebelde. Rio de Janeiro: Automatica, 2014, p. 158.
[248] DUQUE ESTRADA, Maria Ignez. Nise da Silveira (1905-1999). *Revista Ciência Hoje*, Rio de Janeiro, p. 21-28, ago. 1987. In: POMPEU E SILVA, José Otávio Motta (org.). *Nise da Silveira*.

Como se vê, Nise, com seu espírito curioso e inquieto, sempre teve desejo de aprender e de se aperfeiçoar profissionalmente. Mais que isto não é tudo: a alagoana tinha também como preocupação ensinar, passar adiante e compartilhar o que havia aprendido. E não faltavam interessados em seguir os passos desta psiquiatra rebelde, conforme se verá no próximo capítulo.

Rio de Janeiro: Fundação Miguel de Cervantes, 2013. (Coleção Memória do Saber), p. 424.

CAPÍTULO 10

DISSEMINAÇÃO

PUBLICAÇÕES E DISCÍPULOS DO ADMIRÁVEL MUNDO NISE

De volta ao Brasil após uma temporada de estudos na Suíça, Nise da Silveira resolveu dedicar cada vez mais tempo e energia ao Grupo de Estudo C. G. Jung, criado em abril de 1955 para conhecer, debater e difundir o pensamento do mestre suíço.

De fato, em seu início, o grande objetivo do grupo era o de conhecer a teoria junguiana, já que, à época, poucos livros do mestre suíço chegavam ao Brasil. Sobre a criação e funcionamento do grupo:

> O Grupo de Estudo, chamado desde o seu início de Grupo C. G. Jung, teve sua origem, quando em abril de 1955, Nise se juntou a um outro alagoano Bandeira de Mello e iniciaram juntos o estudo do livro "C. G. Jung – Psicologia e Alquimia". Começaram as reuniões na Casa das Palmeiras, na Tijuca, em 1958, com vários integrantes: Alice Marques dos Santos, Ewaldo Mourão, Lígia Monteiro e Carlos Bynton. Só em 1962 é que o grupo passou a se reunir às quartas-feiras, no apartamento 503, à Rua Marquês de Abrantes, nº 151, Flamengo, na Biblioteca de Nise, que residia no andar inferior – 403. O Grupo adquiriu "status oficial" em 1968, com seu registro em Cartório, com eleição de sua primeira Diretora. "Formar um grupo é muito mais difícil do que escrever vinte livros", sentenciou Nise.[249]

Apesar de Nise reconhecer as dificuldades de formar e manter um grupo, ninguém melhor que ela teria condições de fazê-lo. A médica

---

[249] KUMMER, Dídimo Otto. *Nise*: abecedário de uma libertadora. Maceió: Catavento, 2004, p. 86.

alagoana tinha esta admirável característica de mobilizar as pessoas, de delegar funções, de incentivar a participação de todos, de extrair o melhor de cada um:

> Nise tinha uma fantástica facilidade de ser aglutinadora de pessoas. Quando se expressava, seus gestos e palavras tinham o poder de magnetizar. Seus olhos ficavam sempre atentos aos mínimos detalhes, fosse um gesto, um olhar, um traço, uma cor. Durante toda a sua vida trabalhou sempre com muita paixão, entusiasmo e alegria, sem deixar de lado o rigo que era seu forte.[250]

Ainda sobre este talento de Nise por todos reconhecido, Martha Pires Ferreira ressaltava que "era incrível como sabia agregar talentos, estimular a criatividade. Sempre viveu muito adiante de sua época".[251]

Luiz Carlos Mello, um de seus principais discípulos, também já dizia que "sempre movida pela paixão, Nise ia criando frentes de ação e de busca de conhecimento. Com seu carisma, ia agrupando pessoas em torno de si, com uma generosidade cativante. Uma dessas frentes foi o Grupo de Estudos C. G. Jung, que nasceu de seu vivo interesse pela psicologia analítica".[252]

Mello destaca que a motivação para criação de grupos de estudos tinha, provavelmente, raízes na infância de Nise: "seu pai, como professor de matemática, frequentemente realizava grupo de estudos com seus alunos, em sua residência".[253]

Quando o grupo foi criado, Nise da Silveira, Lígia Monteiro, Manoel Machado e Nelson Bandeira de Mello chegaram até mesmo a enviar uma carta a Carl Gustav Jung:

> Rio de Janeiro – Brasil
> 22 de julho de 1955
>
> Sr. Professor C. G. Jung
> Zurique – Suíça

---

[250] KUMMER, Dídimo Otto. *Nise*: abecedário de uma libertadora. Maceió: Catavento, 2004, p. 23.
[251] FERREIRA, Martha Pires (org.). *Senhoras das imagens internas*: escritos dispersos de Nise da Silveira. Rio de Janeiro: Cadernos da Biblioteca Nacional, 2008, p. 337.
[252] MELLO, Luiz Carlos. *Nise da Silveira*: caminhos de uma psiquiatra rebelde. Rio de Janeiro: Automatica, 2014, p. 253.
[253] MELLO, Luiz Carlos. *Nise da Silveira*: caminhos de uma psiquiatra rebelde. Rio de Janeiro: Automatica, 2014, p. 145.

Mestre:

Vimos, por meio desta, parabenizá-lo pelo seu octogésimo aniversário. Somos um pequeno e distante grupo de discípulos desconhecidos que se regozijam neste dia, que marca uma etapa tão importante de uma vida tão rica e plena como a sua.

Com alegria comunicamos-lhe que acabamos de fundar no Rio de Janeiro um Grupo de Estudos da Psicologia de C. G. Jung, em que, debruçados em seus livros, admiramos a extraordinária contribuição que o senhor deu à cultura e nos empenhamos em penetrar nos tesouros escondidos da alma humana que o senhor descobriu.

Queira receber, Mestre, nossos votos de felicidade e a promessa de nosso devotamento.[254]

Este grupo de estudos, que teve sede em três diferentes lugares, foi conduzido com muita dedicação e competência durante décadas pela própria Nise, que nele permaneceu até sua morte em 1999. Para dele participar, bastava ter interesse em conhecer o pensamento de Jung, não se exigindo qualquer formalidade adicional, nem mesmo o pagamento de qualquer valor. Nise costumava destacar que, do grupo de estudos, de tão aberto que era, "a pessoa entra e sai quando quiser e, se preferir, não precisa dizer o nome, nem a profissão".[255]

Do grupo de estudo surgiram seminários, publicações e pesquisas, com destaque para a revista *Quaternio*, "assim intitulada pelo fato de a estrutura da psique ser quaternária". A oitava edição desta revista do Grupo de Estudos C. G. Jung foi lançada em homenagem à médica alagoana, pouco tempo após sua morte.

Nesta edição especialíssima da revista *Quartenio*, há uma sessão denominada Memorial, em que quase setenta pessoas ligadas ao Admirável Mundo Nise escancaram sua devoção e amor pela médica alagoana. Dentre os que falaram sobre sua relação com Nise, estão aqueles que com ela trabalharam, mas também seus amigos e admiradores. Para citar alguns nomes: Carlos Drummond de Andrade, Arthur da Távola, Celso Furtado, Dionysa Brandão, Elke Maravilha, Frei Betto, Odete Lara, Luitgarde Barros, Elvia Bezerra e Bernardo Horta.

A expressão "Admirável Mundo Nise", cunhada por Felipe Magaldi, traduz o universo criado de forma espontânea, em torno

---

[254] MELLO, Luiz Carlos. *Nise da Silveira*: caminhos de uma psiquiatra rebelde. Rio de Janeiro: Automatica, 2014, p. 255.
[255] MELLO, Luiz Carlos. *Nise da Silveira*: caminhos de uma psiquiatra rebelde. Rio de Janeiro: Automatica, 2014, p. 255.

do trabalho de Nise da Silveira, que se iniciou enquanto ela estava viva, cresceu após sua morte e mostra uma força cada vez maior atualmente:

> As pessoas que se envolveram no trabalho de Nise no curso de décadas – psiquiatras, psicólogos, psicanalistas, terapeutas ocupacionais, pacientes, enfermeiros, assistentes sociais, pedagogos, artistas, críticos de arte, curadores, cineastas, dramaturgos, museólogos, jornalistas, intelectuais, militantes etc. – nunca se identificaram propriamente como organização uníssona ou escola formalizada. Entretanto, esses personagens constituíram uma série de articulações, incluindo instituições, museus, galerias, exposições, peças de teatro, arquivos, documentos, grupos de estudos, cursos, congressos, livros, publicações científicas, catálogos, revistas, biografias, filmes, pinturas, esculturas, etc. Aproximando-se da composição das linhas de um rizoma (Deleuze & Guattari, 1997), engendrou-se um fenômeno cuja existência foi marcada pela heterogeneidade e pela resistência à unidade, afigurando-se antes como um feixe de encontros e acontecimentos. A figura de Nise da Silveira, mais do que um centro hierárquico, melhor apresentou-se neste âmbito como um ponto de adensamento de uma teia de conexões, que se estendeu, sem cessar, para múltiplas direções. Chama a atenção, ainda, o fato de que essa teia permanece se estendendo, mesmo sem contar com a presença física da psiquiatra, envolvendo tanto estabelecimentos por ela criados quanto outros, mais recentes, destinados a novos usos e apropriações de suas propostas.[256]

Assim, o pesquisador Felipe Magaldi reconhece, a partir de um estudo bastante acurado, aquilo que muitos já haviam intuído: o nome de Nise da Silveira, mais que uma pessoa, representa um conjunto de ideias, saberes e valores. Para Magaldi, quatro elementos fundamentais foram essenciais para a formação dos saberes do Mundo Nise:

> 1) A expressão privilegiada do inconsciente por meio de imagens; 2) a manifestação, nessas imagens, de temas universais, delineados ao longo da evolução humana, na forma de arquétipos; 3) catalisação terapêutica dessas mesmas imagens por meio da presença afetiva de monitores, humanos e não humanos; e 4) a possibilidade, ensejada pelos pontos anteriores, de ganhar acesso aos múltiplos estados do ser vivenciados na experiência da loucura. Com base nesses elementos, criou-se um sistema de conhecimentos e um método de trabalho, compartilhado,

---

[256] MAGALDI, Felipe. *Mania de liberdade:* Nise da Silveira e a humanização da saúde mental no Brasil. Rio de Janeiro: Fiocruz, 2020, p. 17.

com maiores ou menores variações, pelos compositores do Mundo Nise, em uma constante luta por sua continuidade.[257]

Nise da Silveira era uma cientista altruísta que queria expandir seus conhecimentos para transformar a realidade, especialmente para ajudar aqueles que mais precisavam dela: seus pacientes. Ela não era movida pela vaidade, nem pelo desejo de reconhecimento. Em determinada oportunidade, a psiquiatra alagoana chegou a receber uma sondagem para a Academia Brasileira de Letras:

> A noite de autógrafos do livro "O mundo das imagens" aconteceu na Academia Brasileira de Letras (1992); Nise aos 87 anos, pacientemente, fez questão de autografar cada livro dos que a prestigiaram. Um dos imortais lhe propôs a sua entrada para a Academia. "Pra quê?", respondeu-lhe Nise. "...Lembro agora do meu amigo Graciliano, quando convidado também para a Academia, disse que não ia ficar à vontade usando aquele fardão, pois ia ficar parecido com o Mateus de Guerreiro".[258]

Certa vez, Nise da Silveira chegou a cogitar escrever um livro biográfico (*Caminho de uma psiquiatra rebelde*), mas logo desistiu. "Em outra ocasião, afirmou: 'Meu trabalho tem um caráter científico [...] Nunca pretendi ser espelho. As pesquisas não dependem da minha presença para continuar. Tudo que está aí é uma batalha de heróis, que só vai ser assimilada daqui a mais de 50 ou 60 anos'".[259]

A médica alagoana realizou várias publicações, de textos em jornais a publicações de artigos científicos em revistas estrangeiras. Em relação aos livros, publicou:
- *Jung: vida e obra*, em 1968;
- *Terapêutica ocupacional: teoria e prática*, em 1979;
- *Os cavalos de Octávio Ignácio*, em 1980;
- *Casa das Palmeiras: a emoção de lidar*, em 1987;
- *Imagens do inconsciente*, 1987;
- *A farra do boi*, em 1989;

---

[257] MAGALDI, Felipe. *Mania de liberdade:* Nise da Silveira e a humanização da saúde mental no Brasil. Rio de Janeiro: Fiocruz, 2020, p. 19.
[258] KUMMER, Dídimo Otto. *Nise:* abecedário de uma libertadora. Maceió: Catavento, 2004, p. 22.
[259] MAGALDI, Felipe. *Mania de liberdade:* Nise da Silveira e a humanização da saúde mental no Brasil. Rio de Janeiro: Fiocruz, 2020, p. 19.

- *Artaud, a nostalgia do mais*, em 1989;
- *Cartas a Spinoza*, em 1990;
- *O mundo das imagens*, em 1992 e
- *Gatos, a emoção de lidar*, em 1998.

No prefácio do livro *Jung: vida e obra* (que ela chamava carinhosamente de Junguinho), com humildade, Nise esclarece ao leitor: "este pequeno livro não tem a pretensão de resumir a psicologia de C. G. Jung. Nunca eu tentaria realizar semelhante tarefa que me parece impraticável. É apenas um mapa de bolso, um itinerário de estudo. Terá atingido seu objetivo se for útil, como guia e intérprete, a quem se interesse pela extraordinária riqueza do pensamento de C. G. Jung, mas que se ache um pouco perdido face ao volume e à densidade de sua obra".[260]

Na realidade, o livro *Jung: vida e obra* teve várias edições, uma grande receptividade e superou as expectativas de Nise, tendo sido fundamental para divulgação do pensamento junguiano no país.

O livro *Imagens do inconsciente* traz duzentas e setenta e uma ilustrações dos trabalhos produzidos por seus pacientes. Na obra, ela revela que

> à observação clínica atenta junto o esforço do pensamento na medida de minhas possibilidades, aceito as intuições, mas recorro à reflexão que as examina. E a presença da emoção é permanente. Assim, posso abster-me de dar explicações, decerto inúteis, ao leitor particularmente cioso da rigidez científica que por acaso percorra as páginas deste livro".[261]

Por sua vez, as publicações dos discípulos de Nise sobre seu legado são numerosas, de entrevista a artigos científicos,[262] de livros técnicos a dissertações de mestrado e teses de doutorado,[263] de biografias[264] a poemas. No tocante aos livros escritos sobre o Mundo Nise, aqui destaco quatro:

a) a fotobiografia de Luiz Carlos Mello (MELLO, Luiz Carlos. *Nise da Silveira*: caminhos de uma psiquiatra rebelde. Rio de Janeiro: Automatica, 2014);

---

[260] SILVEIRA, Nise da. *Jung*: vida e obra. 7. ed. Rio de Janeiro: Paz e Terra, 1981, p. 9.
[261] SILVEIRA, Nise da. *Imagens do inconsciente*. 4. reimp. Petrópolis: Vozes, 2018, p. 14.
[262] Vide http://www.ccms.saude.gov.br/nisedasilveira/artigos-de-periodicos.php.
[263] Vide http://www.ccms.saude.gov.br/nisedasilveira/teses-e-dissertacoes.php.
[264] Vide http://www.ccms.saude.gov.br/nisedasilveira/biografias.php.

b) o livro coordenado por José Otávio Motta Pompeu e Silva (POMPEU E SILVA, José Otávio Motta - Coordenação. Nise da Silveira. Coleção Memória do Saber, Fundação Miguel de Cervantes, Rio de Janeiro, 2013);
c) o de Bernardo Carneiro Horta (HORTA, Bernardo Carneiro. Nise, arqueóloga dos mares, Aeroplano Editora, 2ª ed., Rio de Janeiro, 2009); e
d) o de Felipe Magaldi (MAGALDI, Felipe. Mania de liberdade. Nise da Silveira e a humanização da saúde mental no Brasil, Editora Fiocruz, Rio de Janeiro, 2020).

Também foram realizadas diversas produções audiovisuais[265] em torno da vida e trabalho de Nise da Silveira, como dezenas de documentários, destacando-se a trilogia *Imagens do inconsciente* (1983 a 1986), de Leon Hirszman, e os quinzes documentários científicos que sintetizam suas principais pesquisas e forma o curso *O mundo das imagens*, dirigido por Luiz Carlos Mello.

Também merecem referências os filmes sobre o Mundo Nise, dentre eles, *Nise: o coração da loucura* (2016), dirigido por Roberto Berliner e que tem a atriz Glória Pires no papel da alagoana; e *Olhar de Nise* (2015), do diretor Jorge Oliveira, com a atriz Marina Infante como protagonista.

Vale registrar que, no Admirável Mundo Nise, estão presentes até mesmo artigos científicos que analisam filmes que retratam a vida e a obra da médica alagoana. Em um destes estudos, concluiu-se que "o posicionamento dessa personagem revolucionária e transformadora é um convite para que outras mulheres e homens lutem pela quebra de estereótipos, pela ampliação dos direitos das mulheres e pelo respeito a todas as pessoas".[266]

---

[265] Vide http://www.ccms.saude.gov.br/nisedasilveira/videos.php.
[266] GOMES, Christianne Luce; DRUMOND DE BRITO, Cristiane Miryam. "Nise, o coração da loucura": representações femininas em um filme sobre a terapêutica ocupacional, *Cadernos Brasileiros de Terapia Ocupacional*, São Carlos, v. 27, n. 3, p. 638-649, jul./set. 2019. Disponível em: https://doi.org/10.4322/2526-8910.ctoAO1730. Acesso em: 03 mar. 2023.

CAPÍTULO 11

DEDICAÇÃO

ESTAGIÁRIA APÓS A APOSENTADORIA

No dia 15 de fevereiro de 1975, Nise da Silveira completou setenta anos de idade. No que dependesse da médica alagoana, continuaria trabalhando normalmente no serviço público, como já vinha fazendo há várias décadas (desde 1933).

Todavia, segundo as leis em vigor no país, o servidor público, ao se tornar septuagenário, teria que ser afastado de suas atividades funcionais. Assim, devido à aposentadoria compulsória, Nise da Silveira deixaria o cargo de Médico Psiquiatra do Hospital do Engenho de Dentro.

Nise conta que, ao ser afastada de suas funções de forma oficial, resolveu que não deixaria seu trabalho: "em 1975, quando me aposentaram – eu não queria – no dia seguinte me apresentei no Museu de Imagens do Inconsciente para trabalhar. 'Sou a mais nova estagiária, voluntária, não quero ganhar nada', eu disse".[267]

A grande preocupação de Nise era a continuidade de seus trabalhos, especialmente no Museu das Imagens do Inconsciente, o que a fez continuar trabalhando por mais alguns anos. "Seu desejo era que não só o patrimônio nele reunido fosse preservado, mas que ele se mantivesse vivo, em constante evolução, e que fosse intensamente usado como fonte de conhecimento pelas gerações seguintes".[268]

---

[267] HORTA, Bernardo Carneiro. *Nise, arqueóloga dos mares*. 2. ed. Rio de Janeiro: Aeroplano, 2009, p. 49.
[268] MELLO, Luiz Carlos. *Nise da Silveira*: caminhos de uma psiquiatra rebelde. Rio de Janeiro: Automatica, 2014, p. 261.

Mesmo depois que deixou de frequentar as instalações da repartição pública onde produzira uma verdadeira revolução na psiquiatria brasileira e mundial, Nise continuou ativa até seus últimos dias de vida:

> Passando por sua aposentadoria, em 1975, e até 1999, ano em que faleceu, a atividade intelectual de Nise foi incessante, incluindo escrita de livros, produção de documentários, curadoria de exposições, e manutenção de um grupo de estudo aberto ao público realizado em sua própria residência. Ao longo de quase meio século, seu trabalho atravessou as agitações contra-culturais dos anos 1960 e 1970, o *boom* da psicanálise na América Latina e a ditadura civil-militar no Brasil.[269]

Nise se recusava a parar, porque, como mesmo admitia, navegava numa contracorrente, onde são necessários requisitos raros como espírito de aventura, persistente coragem e paixão. "Sabe qual a diferença entre o velho e o idoso? O velho se entrega, o idoso não",[270] aduzia a alagoana, como também dizia:

> repetem que estou aposentada, não me senti aposentada. Não houve cadeia, não houve aposentadoria que me reduzisse à inércia. As atividades privadas não me atraem. Sinto-me visceralmente amarrada ao serviço público. Penso como Antonin Artaud: "Há dez mil modos de ocupar-se a vida e de pertencer à sua época". Não desejo parar, enquanto me restarem algumas forças, de trazer meu grão de areia para ajudar aqueles que mais sofrem: o louco e o animal.[271]

Com o espírito marcado pela curiosidade, Nise também queria sempre aprender coisas novas. Luiz Carlos Mello relata a vontade que ela tinha de adquirir conhecimentos sobre a sabedoria das tradições orientais. Ela comentou: "se eu tivesse tempo, ainda fazer o mestrado do chá. O curso dura seis anos, e mestrado dura o tempo de Matusalém. Não é preciso vestibular. Você já imaginou?".[272]

---

[269] MAGALDI, Felipe. *Mania de liberdade:* Nise da Silveira e a humanização da saúde mental no Brasil. Rio de Janeiro: Fiocruz, 2020, p. 17.

[270] KUMMER, Dídimo Otto. *Nise:* abecedário de uma libertadora. Maceió: Catavento, 2004, p. 142.

[271] MELLO, Luiz Carlos. *Nise da Silveira:* caminhos de uma psiquiatra rebelde. Rio de Janeiro: Automatica, 2014, p. 262.

[272] MELLO, Luiz Carlos. *Nise da Silveira:* caminhos de uma psiquiatra rebelde. Rio de Janeiro: Automatica, 2014, p. 262.

Quando foi divulgada a notícia que Nise da Silveira estaria sendo aposentada compulsoriamente, o poeta Carlos Drummond de Andrade, grande admirador da médica alagoana, publicou um belo texto no Jornal do Brasil:

A doutora Nise

Há visível engano nos registros burocráticos referentes à funcionária federal, Nível 22-A, Dra. Nise da Silveira. Segundo os papéis oficiais, a aludida servidora atingirá, no próximo dia 10 de janeiro, a idade-limite que determina aposentadoria compulsória. A contagem deve estar certa, se baseada em certidão de nascimento. Mas cumpre excluir do total 15 meses em que a Dra. Nise não trabalhou nem viveu vida normal, pois esteve presa. Seria justo descontar-lhe da idade esse tempo vazio, por um lado, e cheio de angústia, por outro. Graciliano Ramos, nas *Memórias do cárcere*, dá testemunho da passagem da Dra. Nise pelo túnel da prisão política, de resto injusta, pois o Tribunal de Segurança acabou por absolvê-la de imaginários crimes. Não lhe restituiu, porém, o ano e tanto de vida seqüestrada, durante a qual, no dizer de Graciliano, *fugia-lhe às vezes a palavra e um desassossego verdadeiro transparecia em seu rosto pálido, os grandes olhos moviam-se tristes*. Atravessando o *túnel*, era como se ela não existisse mais, tanto que, classificada em 4º lugar no concurso, viu nomeados todos os candidatos até o 3º lugar, com exclusão de sua pessoa. Nise na compulsória? Corrijam os números, senhores escriturários, pois tudo isso, conta, e muito, existencialmente.

Não contou foi no íntimo de Nise da Silveira para torná-la criatura amarga e revoltada, que daí por diante abominasse o gênero humano. Pelo contrário. Restituída à atividade médica especializada, em cargo público que na aposentadoria lhe proporcionará os proventos de Cr$ 1mil740, dedicou-se a uma obra em que o interesse científico é amalgamado com o interesse humano, e toda pesquisa envolve amor ao ser – o ser distanciado da imprecisa fronteira do normal – o fechado em si, o supostamente ininteligível, o esquizofrênico. Nise debruçou-se sobre a mente cheia de mistério dos que não participava do nosso modo comum de viver e exprimir-se, e em cerca de 30 anos de observação, estímulo e carinho, extraiu deles alguma coisa profundamente comovedora e de enorme interesse psicológico.

Seu Serviço de Terapia Ocupacional abriu um caminho para a interpretação de valores obscuros, em potencial no espírito atormentado: o caminho da criação artística. Sem pretensão de formar criadores no sentido em que lhes atribui a disciplina estética. Sem querer aumentar o catálogo de nossos pintores, escultores, gravadores. Nise interroga o inconsciente e consegue que dele aflorem as representações artísticas espontâneas, prova de que nem tudo em seus autores é caos ou aniquilamento: perduram condições geradoras de uma atividade bela, a serem devidamente estudadas visando ao benefício do homem futuro, tornando mais transparente em suas grutas interiores.

Resultado desse trabalho que seduziu outros psiquiatras e discípulos, levando-os a cooperar com a frágil e forte pessoa de Nise, é o Museu de Imagens do Inconsciente, sobre cuja sorte pairam hoje interrogações: não o estando ainda integrado legalmente na estrutura do Ministério da Saúde, embora portaria ministerial de 1973 lhe reconhecesse a existência, que será dele com a aposentadoria de Nise? Ira vegetar, marcar passo, regredir, acabar melancolicamente?

Para evitar que isto aconteça, fundou-se a Sociedade de Amigos do Museu de Imagens do Inconsciente. Não é comum ver-se um funcionário que se aposenta suscitar iniciativa desta ordem para preservar-lhe as realizações no serviço público. Deve ser mesmo caso único. Para se justificarem como entidade, os amigos do Museu, que são os amigos de Nise, precisam ficar atentos e ativos, não deixando que tal instituição seja roída pela indiferença burocrática. Os museus não valem nada como depósitos de cultura ou experiências acumuladas, mas como instrumentos geradores de novas experiências e renovação de cultura. Só assim deve ser entendido o maravilhoso acervo de obras recolhidas ao museu que é alma e vida de Nise.

Do contrário, é o caso de apelar para sua criadora, esquecendo-lhe a aposentação compulsória, no verso do cantor maranhense:

Nise? Nise? Onde estás? Aonde? Aonde?

Jornal do Brasil, 2 de janeiro de 1975.[273]

Em seus últimos dias, já hospitalizada, Nise esteve cercada pelos amigos que tanto a amavam. Martha Pires Ferreira era uma delas:

> Prisioneira no CTI (ao lado dos mais pobres), eu falava para ela da poesia de João da Cruz e lia seu livro *Cartas a Spinoza*. Um dia, ao ler a VII Carta, as lágrimas escorreram até os lábios. Nossos olhares se encontraram. E sorriu para mim, repleta de magnitude. No CTI, estava o tempo todo, cercada de amigos que se desdobravam em calor humano, tentando aliviar tanto sofrimento. Nos revezávamos um de cada vez. Foram quase 50 dias. Via dolorosa. Gestos de indignação e resignação. Força de mártir e lucidez admirável.[274]

---

[273] MELLO, Luiz Carlos. *Nise da Silveira*: caminhos de uma psiquiatra rebelde. Rio de Janeiro: Automatica, 2014, p. 263.

[274] FERREIRA, Martha Pires. Recortes, na ponta do lápis. *Quaternio – Revista do Grupo de Estudos C. G. Jung*, Homenagem Nise da Silveira, Rio de Janeiro, n. 8, p. 151-153, 2001, p. 151.

CAPÍTULO 11
DEDICAÇÃO

Aos noventa e quatro anos, no dia 30 de outubro de 1999, Nise Magalhães da Silveira morria de insuficiência respiratória aguda, após ter permanecido hospitalizada por mais de um mês, em um leito de CTI do Hospital (público) Miguel Couto. "Seus seguidores, no entanto, mantêm viva a chama de seus ensinamentos e de suas realizações".[275]

Foi o amigo Marco Lucchesi, ao se expressar após a morte da médica alagoana, aquele que talvez tenha melhor conseguido resumir o seu legado e toda sua dedicação à humanidade:

> Se com a morte da doutora Nise da Silveira o Brasil perdeu um dos maiores pensadores do século, ouso dizer que perdi uma das pessoas mais formidáveis que jamais conheci, e que me levou ao exercício pleno da amizade. A doutora Nise era, antes de tudo, uma força de criação, uma inquietação prodigiosa, comprometida com a verdade, alheia ao bom-mocismo ou ao burocratismo de certa endemia vigente: o academicismo (ou o pseudo-academicismo), com sua indigência intelectual e humana. Ao contrário: Nise da Silveira enfrentou a prisão, lutou contra uma parte poderosa da psiquiatria, contra não poucas clínicas, contra não poucos laboratórios, contra os que viviam (e ainda vivem) a fazer da loucura uma indústria desumana e lucrativa. E não lhe faltou coragem. Depois da doutora Nise, a crítica de artes e a psiquiatria, para dizer pouco, não seriam as mesmas.[276]

Se a valorização que vem dos amigos é algo até esperado, como teria sido o reconhecimento do legado de Nise pelos mais diferentes segmentos da sociedade brasileira? Isto é o que veremos no próximo capítulo.

---

[275] CALAÇA, Agilberto. Nise da Silveira: esboço biográfico. *Quaternio – Revista do Grupo de Estudos C. G. Jung*, Homenagem Nise da Silveira, Rio de Janeiro, n. 8, p. 201-206, 2001, p. 206.

[276] LUCCHESI, Marco. Cartas a Spinoza. *Quaternio – Revista do Grupo de Estudos C. G. Jung*, Homenagem Nise da Silveira, Rio de Janeiro, n. 8, p. 50-51, 2001, p. 50.

VALORIZAÇÃO

UMA SERVIDORA PÚBLICA É RECONHECIDA COMO HEROÍNA NACIONAL

Nos últimos anos de vida e após sua morte em 1999, Nise da Silveira recebeu diversas homenagens, prestadas por instituições públicas e privadas, que reconheceram o trabalho da psiquiatra alagoana em prol do avanço da medicina, especialmente a partir da humanização dos tratamentos psiquiátricos.

Foram concedidas à Nise títulos de professor *honoris causa*, troféus, medalhas, comendas, ordens do mérito e prêmios. Neste contexto, apenas para ilustrar este cenário, em 1961 foi chamada a Brasília pelo presidente Jânio Quadros para apresentação de um plano de desenvolvimento da terapêutica ocupacional nos hospitais psiquiátricos federais; em 1974, recebeu o prêmio de Personalidade Global Feminina, conferido pelo jornal *O Globo* e Rede Globo de Televisão; em 1981, o Presidente da República João Batista de Figueiredo concedeu à Nise a Medalha de Mérito Oswaldo Cruz, na categoria ouro; em 1988, recebeu o título de professora *honoris causa* da Escola de Ciências Médicas de Alagoas e da Universidade do Estado do Rio de Janeiro; em 1993 recebe a Medalha Chico Mendes outorgada pelo grupo Tortura nunca mais; em 1999, o Governo de Alagoas institui a Comenda Nise da Silveira, para personalidades femininas brasileiras ou estrangeiras, a ser outorgada no Dia Internacional da Mulher; e no ano 2000, em eleição realizada pelo Jornal *Gazeta de Alagoas*, é escolhida entre os três maiores nomes de Alagoas no século XX, ao lado de Graciliano Ramos e de Pontes de Miranda.

No âmbito acadêmico, Nise Magalhães da Silveira emprestou seu nome a incontáveis de turmas de graduação em cursos como Psicologia, Medicina e Terapia Ocupacional por todo o país. Nestas faculdades, com muita frequência são encontrados grupos de estudos que levam o nome ou se dedicam ao estudo de Nise.

Em 1997, a Escola de Samba Acadêmicos do Salgueiro, do Rio de Janeiro, realizou seu desfile inspirado em Nise da Silveira. Na sinopse do desfile, cujo samba-enredo se chamava "De poeta, carnavalesco e louco... todo mundo tem um pouco", o Salgueiro explica:

> Nosso desfile será uma homenagem à Doutora Nise da Silveira psiquiatra, fundadora há 50 anos do Serviço de Terapia Ocupacional do Hospital Psiquiátrico Pedro II, no Engenho de Dentro, que deu origem mais tarde ao Museu de Imagem do Inconsciente. Não pretendemos retratar de maneira detalhada o Museu e seus artistas, mas sim "penetrar, ainda que por frestas estreitas, nas regiões misteriosas que ficam do outro lado do mundo real". Este enredo é sinônimo do respeito que dedicamos ao trabalho da Drª Nise e uma mensagem de apelo no sentido de todos participarem intimamente do encantamento de formas e cores criadas por seres humanos encerrados nos tristes lugares que são os hospitais para alienados.[277]

O antigo Centro Psiquiátrico Pedro II, que abriga o Museu do Inconsciente, foi municipalizado no ano 2000, oportunidade em que passou a ser chamado de Instituto Municipal Nise da Silveira.

O ano de 2005 marcou o centenário de nascimento de Nise da Silveira, o que deu ensejo a várias homenagens: os Correios lançaram um selo comemorativo, foram organizadas diversas exposições e até mesmo houve o lançamento do livro *Imagens do Inconsciente* em francês na cidade de Paris.

Por falar na capital francesa, em 2017, a Organização das Nações Unidas para a Educação, Ciência e Cultura (UNESCO) incorporou o acervo da psiquiatra ao registro internacional do Programa Memória do Mundo, que tem por objetivo facilitar a preservação do patrimônio documental mundial e torná-lo acessível a todos. Acerca deste reconhecimento,

---

[277] DE POETA, carnavalesco e louco... Todo mundo tem um pouco. Sinopse 1997, Escola de Samba Acadêmicos do Salgueiro. Disponível em: http://www.academiadosamba.com.br/passarela/salgueiro/ficha-1997.htm. Acesso em: 04 mar. 2023.

o arquivo de Nise da Silveira já estava inscrito no Registro Nacional do Programa Memória do Mundo desde 2014, assim como no Registro Regional da América Latina e do Caribe do Programa Memória do Mundo, desde 2015, mas ganha ainda mais importância com o reconhecimento em nível mundial.[278]

Foi instituído o Centro de Estudos Imagens do Inconsciente, na Universidade do Porto (Portugal), foi criada a Association Nise da Silveira Images de L'Inconscient em Paris (França) e foi inaugurado o Museo Attivo delle Forme Inconsapevoli em Genova (Itália), só para ilustrar o reconhecimento internacional do trabalho de Nise da Silveira.

Em 30 de julho de 2019, é inaugurada no Corredor Cultural Vera Arruda, na orla marítima de Maceió, cidade natal de Nise, uma estátua de bronze da médica psiquiatra alagoana.

O Centro Cultural do Banco do Brasil (CCBB), no início do ano de 2022, fez uma exposição com o tema "A revolução pelo afeto", exibindo os trabalhos dos "clientes" da psiquiatra.

Como a grande preocupação de Nise da Silveira era com a continuidade de seus projetos, devem-se destacar aqui algumas notícias:

a) foi celebrado um Convênio entre o Instituto do Patrimônio Histórico e Artístico Nacional (IPHAN) e a Sociedade Amigos do Museu de Imagens do Inconsciente (SAMII), para desenvolvimento do Projeto Preservação e Divulgação do Acervo do Museu de Imagens do Inconsciente, em 2020;
b) vários projetos vêm sendo desenvolvidos na Casa das Palmeiras, que se mantém bastante ativa;
c) o Grupo de Estudos C. G. Jung continua a se reunir, tendo o mesmo passado a adotar o formato *online*;
d) em outubro de 2021, o Instituto Nise da Silveira (o maior e mais antigo hospital psiquiátrico do Brasil) deu adeus às internações.[279]

---

[278] ARQUIVO pessoal de Nise da Silveira é reconhecido por programa da Unesco. *Revista Museu*, 20 nov. 2017. Disponível em: https://www.revistamuseu.com.br/site/br/noticias/nacionais/3744-20-11-2017-arquivo-pessoal-de-nise-da-silveira-e-reconhecido-por-programa-da-unesco.html. Acesso em: 04 mar. 2023.

[279] MAIOR hospital psiquiátrico do Brasil fecha as portas no Rio. *Globoplay*, 07 nov. 2021. Disponível em: https://globoplay.globo.com/v/10018663/. Acesso em: 04 mar. 2023.

> Os antigos internos foram realocados em residências terapêuticas e continuaram recebendo acompanhamento psiquiátrico. Com o fechamento do hospital, a previsão é que, em breve, o Instituto Municipal Nise da Silveira vire um parque municipal.[280]

Esta última notícia representa uma grande homenagem póstuma à Nise da Silveira. Mais que isto, o reconhecimento de seu trabalho, a partir da adoção de suas ideias: "O antigo hospital psiquiátrico, que tem o nome da médica brasileira Nise da Silveira, vai dar lugar a um parque. Espaços como esses sempre foram contestados pela psiquiatra alagoana, que foi uma das maiores batalhadoras para o fim dos manicômios e a favor dos tratamentos humanizados".[281]

Apesar de tantas homenagens e reconhecimentos, uma situação recebeu maior destaque na mídia nos últimos tempos: por intermédio do Projeto de Lei nº 9.262, de 2017, da Câmara dos Deputados, de autoria da Deputada Federal Jandira Feghali (PCdoB-RJ), solicitava-se a inscrição do nome de Nise da Silveira no *Livro de heróis e heroínas da pátria*. Na justificação do projeto, destacou-se:

> A história e o trabalho de Nise da Silveira são bastante conhecidos e a importância de seu legado no tratamento de transtornos mentais ficou evidente em audiência pública realizada pela Comissão de Cultura. Na ocasião, tivemos a oportunidade de conhecer um pouco mais de sua luta e de seu empenho em transformar os tratamentos agressivos e nada resolutivos a partir de um novo olhar sobre os pacientes. [...] Dos ateliês para a utilização de animais como coterapeutas, Nise promoveu uma verdadeira revolução não só no tratamento das pessoas com transtornos mentais, mas também na visão que os outros tinham sobre elas. É certo afirmar que ela foi um divisor de águas entre um tratamento desumano e que retirava as pessoas do convívio social para o acolhimento e a humanidade de um tratamento que buscava, verdadeiramente, compreender o universo daquelas pessoas e ajudá-las.[282]

---

[280] VASCONCELLOS, Karina. Nise da Silveira, heroína do Rio de Janeiro. *O prelo*, 24 ago. 2022. Disponível em: https://oprelo.ioerj.com.br/2022/08/24/nise-da-silveira-heroina-do-rio-de-janeiro/. Acesso em: 04 mar. 2023.

[281] MAIOR hospital psiquiátrico do Brasil fecha as portas. *Conectado News*, 08 nov. 2021. Disponível em: https://www.conectadonews.com.br/noticia/13625/maior-hospital-psiquiatrico-do-brasil-fecha-as-portas. Acesso em: 04 mar. 2023.

[282] FEGHALI, Jandira. Projeto de Lei nº 9.262, de 2017. Inscreve o nome de Nise Magalhães da Silveira no Livro dos Heróis e Heroínas da Pátria. Brasília: Câmara dos Deputados, 2017. Disponível em: https://www.camara.leg.br/proposicoesWeb/prop_mostrar integra?codteor=1629313. Acesso em: 04 mar. 2023.

O citado *Livro de heróis e heroínas da pátria*, que fica depositado no Panteão da Pátria e da Liberdade Tancredo Neves, em Brasília, reúne cerca de cinquenta nomes de brasileiros como Tiradentes, Santos Dumont, Getúlio Vargas, Duque de Caixas, Rondon, Rui Barbosa, Chico Xavier, dentre outros. Merece registro que, em sua grande maioria, a lista é composta por homens e militares.

Em 27 de agosto de 2019, a proposta de incluir Nise da Silveira neste rol recebeu parecer favorável da Comissão de Constituição, Justiça e Cidadania. A relatora, Deputada Federal Talíria Petrone (PSOL-RJ), destacou:

> Uma pioneira, única mulher formada em Medicina em sua turma nos idos anos de 1926, Nise não se conformou em apenas seguir regras, desenvolvendo tratamentos psiquiátricos com base na arte, expondo e valorizando capacidades dos seus pacientes e desestigmatizando a loucura. Num momento como o atual, no qual muitos se voltam a defender a internação compulsória e valorizam métodos medievais de tratamento e soluções fora do Sistema Único de Saúde, uma psiquiatra como Nise faria muita diferença para a concretização do princípio constitucional da dignidade humana e do direito fundamental à saúde. Inscrever seu nome entre as heroínas da pátria nos permite não só homenageá-la, mas também celebrar a importância de sua figura histórica e dos valores por ela defendidos.[283]

Ainda em 2019, o projeto foi aprovado na Câmara dos Deputados, tendo sido encaminhado ao Senado. Em 27 de abril de 2022, o Senado, com relatório favorável da senadora Eliziane Gama (Cidadania-MA), aprovou o projeto de lei em comento, e o texto foi encaminhado para sanção governamental.

Em 25 de maio do mesmo ano, o Presidente da República Jair Bolsonaro, da extrema-direita e que já declarou ter o general torturador Carlos Ustra como seu herói, vetou integralmente o projeto:

---

[283] COMISSÃO DE CONSTITUIÇÃO E JUSTIÇA E DE CIDADANIA. Relatório sobre o Projeto de Lei nº 9.262, de 2017. Relatora: Deputada Talíria Petrone. Brasília: Câmara dos Deputados. 27 ago. 2019. Disponível em: https://www.camara.leg.br/proposicoesWeb/prop_mostrarintegra?codteor=1797060. Acesso em: 04 mar. 2023.

MENSAGEM Nº 251, DE 24 DE MAIO DE 2022

Senhor Presidente do Senado Federal,

Comunico a Vossa Excelência que, nos termos previstos no §1º do art. 66 da Constituição, decidi vetar integralmente, por contrariedade ao interesse público, o Projeto de Lei nº 6.566, de 2019 (Projeto de Lei nº 9.262, de 2017, na Câmara dos Deputados), que "Inscreve o nome de Nise Magalhães da Silveira no Livro dos Heróis e Heroínas da Pátria".
Ouvida, a Casa Civil da Presidência da República manifestou-se pelo veto ao Projeto de Lei pelas seguintes razões:
"A proposição legislativa pretende inscrever o nome de Nise Magalhães da Silveira no Livro dos Heróis e Heroínas da Pátria. De acordo com a Lei nº 11.597, de 29 de novembro de 2007, o Livro dos Heróis e Heroínas da Pátria, depositado no Panteão da Pátria e da Liberdade Tancredo Neves, destina-se ao registro perpétuo do nome dos brasileiros e brasileiras ou de grupos de brasileiros que tenham oferecido a vida à Pátria, para sua defesa e construção, com excepcional dedicação e heroísmo. Entretanto, não é possível avaliar, nos moldes da referida Lei, a envergadura dos feitos da médica Nise Magalhães da Silveira e o impacto destes no desenvolvimento da Nação, a despeito de sua contribuição para a área da terapia ocupacional. Ademais, prioriza-se que personalidades da história do País sejam homenageadas em âmbito nacional, desde que a homenagem não seja inspirada por ideais dissonantes das projeções do Estado Democrático." Essas, Senhor Presidente, são as razões que me conduziram a vetar o Projeto de Lei em causa, as quais submeto à elevada apreciação dos Senhores Membros do Congresso Nacional.

O citado veto foi recebido por diversos segmentos da sociedade civil brasileira com grande repulsa. Até mesmo chegou a ser criada uma página no Facebook (#nisedasilveiraheroínabrasileira) para mobilizar a campanha contra o veto.

No Fórum de Saúde Mental, que, por coincidência, acontecia em Maceió no mesmo período em que houve o veto de Bolsonaro, foi divulgada a nota "Por que Nise da Silveira é uma ameaça para o presidente do Brasil?". Convém haver a transcrição de alguns trechos:

> [...] consideramos que a atitude do presidente Jair Bolsonaro reitera seus discursos de ódio, quando nega não somente a homenagem, mas, sobretudo, às infinitas contribuições de Nise da Silveira para o Brasil. Nise da Silveira não somente deu a vida por esta pátria, mas ofertou na artesania do seu trabalho vivo, a recuperação de uma humanidade violada pelas lógicas patriarcais, misóginas, racistas e

fascistas, que estão sendo aprofundadas e perpetradas na vida das populações marginalizadas no Brasil. São as violências cotidianas as quais a obra da Nise da Silveira ajudaram/ajudam a denunciar. Nise da Silveira foi pioneira no desenvolvimento de um método artístico, expressivo e terapêutico como via de linguagem e denúncia da perversidade das estruturas de dominação e poder na vida psíquica das pessoas. O sofrimento deixou de ser uma categoria intrapsíquica e/ou biologicamente determinada, e passou a ser investigada a partir do contexto histórico, político e cultural. A compreensão estrutural da loucura acessada pelas imagens do inconsciente, como ela mesma chamava, possibilita a construção de outro paradigma para os estudos da Saúde Mental. Seu trabalho pode ser visto no Museu do Inconsciente (Rio de Janeiro, fundado em 1952), na Casa das Palmeiras (Rio de Janeiro, fundada em 1956), ou nas inúmeras publicações produzidas por ela e em parceria com seus colaboradores. Além disso, existe hoje no Catálogo de Teses e Dissertações da Coordenação de Aperfeiçoamento de Pessoal de Nível Superior (CAPES) um total de 1.345.934 resultados para uma busca simplificada para o descritor "Nise da Silveira", sem filtro de ano, tipo de publicação, área de conhecimento. Ou seja, o argumento usado pelo presidente sobre "avaliar a envergadura" das contribuições da heroína do povo brasileiro é no mínimo fraudulento e ardiloso. Além de não ter consistência sobre a história, a memória e as redes construídas por Nise, mais uma vez, o presidente das *fake news* posiciona-se ao lado da tortura, da violação dos direitos e da sua subsequente necropolítica [...]

Maceió, 25 de maio de 2022.[284]

Também convém destacar o abaixo-assinado realizado para que o Congresso Nacional derrubasse o veto:

> A Sociedade Brasileira de psicologia Analítica – SBPA fundada em 13 de março de 1978, em São Paulo, a Associação Junguiana do Brasil – AJB, ambas ligadas à International Association for Analytical Psychology – IAAP, unidas a outras instituições, empresas e aos cidadãos brasileiros como abaixo-assinado digitalmente com seus dados: nome ou razão social, localidade e endereço digital, solicitamos de Vossa Excelência a revogação ao veto à inscrição do nome da doutora Nise da Silveira no Livro de Heróis e Heroínas da Pátria, (vetado pelo Excelentíssimo Presidente da República: Jair Messias Bolsonaro no dia 25 de maio de 2022), a fim de reconhecer Nise uma lutadora que dedicou sua vida em prol da saúde mental em que obteve reconhecimento internacional

---

[284] POR QUE Nise da Silveira é uma ameaça para o presidente do Brasil?. *Mad in Brasil, Ciência, Psiquiatria e Justiça Social*, 26 maio 2022. Disponível em: https://madinbrasil.org/2022/05/por-que-nise-da-silveira-e-uma-ameaca-para-o-presidente-do-brasil/. Acesso em: 04 mar. 2023.

graças ao método que desenvolveu possibilitando tratamento humanizado e emancipatório, mudando o destino de milhares de doentes mentais no mundo. Na sua trajetória, foi perseguida, presa e ainda assim, nos deixou um legado de conhecimento e um exemplo de vida. Esse legado deixado por Nise da Silveira precisa ser reconhecido por nossa pátria tamanha transformação que possibilita a vida desses milhares de doentes e famílias que travam, todos os dias, verdadeiras batalhas para conviver com o sofrimento psíquico de forma digna e humana. Na certeza de termos nosso pleito atendido, encaminhamos este documento abaixo-assinado em duas vias a serem protocoladas em seu Gabinete.

Ana Maria Cordeiro – Presidente da SBPA – Sociedade Brasileira de Psicologia Analítica.

Alessandro Caldonazzo Gomes – Presidente da AJB – Associação Junguiana do Brasil.[285]

A pressão da sociedade civil brasileira funcionou. Ou, no mínimo, o Poder Legislativo percebeu o absurdo que era o veto. Em 05 de julho de 2022, em sessão conjunta da Câmara dos Deputados e do Senado, "o veto de Bolsonaro foi derrubado por 414 votos contra 39 entre os deputados, com duas abstenções, e 69 votos a zero na votação dos senadores".[286] Assim, Nise da Silveira foi reconhecida oficialmente pela República Federativa do Brasil como heroína nacional:

LEI Nº 14.401, DE 8 DE JULHO DE 2022

Inscreve o nome de Nise Magalhães da Silveira no Livro dos Heróis e Heroínas da Pátria.

O PRESIDENTE DA REPÚBLICA Faço saber que o Congresso Nacional decreta e eu promulgo, nos termos do parágrafo 5º do art. 66 da Constituição Federal, a seguinte Lei:

Art. 1º Fica inscrito o nome de Nise Magalhães da Silveira no Livro dos Heróis e Heroínas da Pátria, depositado no Panteão da Pátria e da Liberdade Tancredo Neves, em Brasília, Distrito Federal.

Art. 2º Esta Lei entra em vigor na data de sua publicação.

Brasília, 8 de julho de 2022; 201º da Independência e 134º da República.

---

[285] REVOGAÇÃO do veto à inscrição do nome de Nise da Silveira no Livro de Heróis da Pátria. Abaixo-assinado. *Change.org*, 25 maio 2022. Disponível em: https://chng.it/kqsdGTVBL7. Acesso em: 04 mar. 2023.

[286] CONGRESSO confirma título de 'heroína da Pátria' a Nise da Silveira com derrubada de veto. *Senado Notícias*, 05 jul. 2022. Disponível em: https://www12.senado.leg.br/noticias/materias/2022/07/05/congresso-confirma-titulo-de-heroina-da-patria-a-nise-da-silveira-com-derrubada-de-veto. Acesso em: 04 mar. 2023.

A citada lei não apenas faria justiça ao legado de Nise da Silveira: pela primeira vez na história brasileira, uma servidora pública, sem pegar em armas, seria reconhecida, por sua atuação, como heroína nacional.

NOTAS FINAIS

DOZE REFLEXÕES PARA O DIREITO ADMINISTRATIVO INSPIRADAS EM NISE DA SILVEIRA

O cientista Albert Einstein dizia que "exemplo não é outra maneira de ensinar, é a única maneira de ensinar"; o filósofo Edmund Burke afirmava que "o exemplo é a escola da humanidade e só nela os homens poderão aprender"; o escritor Paulo Coelho ressaltou que "o mundo muda com seu exemplo, não com sua opinião".

Por sua vez, o sociólogo Émile Durkheim acreditava que "é preciso sentir a necessidade da experiência, da observação, ou seja, a necessidade de sair de nós próprios para aceder à escola das coisas, se as queremos conhecer e compreender"; o escritor Arthur Conan Doyle considerava que "o mundo está cheio de coisas óbvias que ninguém jamais observa"; e, Einstein, mais uma vez, declarava que "olhem para as estrelas e aprendam com elas".

De fato, em relação à força do exemplo e o poder da observação, Nise da Silveira, embora tenha dito (com muita humildade) que não queria ser espelho, chegou a cravar até mesmo que "aprende-se mais com Machado de Assis sobre a natureza humana do que em livros de psicologia".

Neste contexto, acredita-se aqui que os que lidam com as questões que envolvem a Administração Pública (legisladores, gestores públicos, controladores, estudiosos etc.) podem aprender mais Direito Administrativo a partir de reflexões sobre a trajetória de Nise da Silveira do que em muitos livros da área.

É que, até hoje, o estudo, o ensino e aplicação do Direito, de uma forma geral, e do Direito Administrativo, mais especificamente, baseiam-se, quase que exclusivamente, em análises teóricas, que não raramente estão totalmente dissociadas da realidade ou que fecham os olhos à práxis da Administração Pública e de seus maiores atores, os servidores públicos.

A propósito, em tempos em que se cogita uma nova Reforma Administrativa (apresentada ao Congresso Nacional em 2020), desta vez baseada apenas no discurso simplório da redução de custos, a figura do servidor público é mais uma vez colocada como algoz, sem que lhe seja dado o devido valor e sem considerá-lo o fator mais decisivo para o êxito (ou não) da atuação da Administração Pública.

Neste contexto, escrever um livro sobre uma servidora pública já é algo simbólico nestes tempos, e serve para que marquemos posição nesse debate ideológico, onde de um lado estão aqueles que querem reduzir ao máximo o papel do Estado e aqueles que reconhecem sua relevância acentuada em contextos como o brasileiro, marcado por tantos desequilíbrios regionais, sociais e econômicos.

De toda forma, conforme prometido, seguem abaixo dozes reflexões para o Direito Administrativo, especialmente em relação à função pública, inspiradas na trajetória de Nise da Silveira no serviço público. Pode-se afirmar que tais reflexões são resumos de cada um dos capítulos do livro.

Em primeiro lugar, destaque-se o papel da sólida formação que Nise recebeu em sua infância e adolescência, seja a obtida a partir do convívio familiar, seja aquela recebida na escola. Mas qual a relação desta constatação com o Direito Administrativo? Como dizia o dramaturgo Oscar Wilde, ao comentar sobre o serviço público na Inglaterra no final do século XIX: "o mais importante é que o funcionário seja um cavalheiro; pois, se não é, quando mais saiba, pior".[287]

Nise da Silveira não era apenas uma boa médica. Ou melhor: não era apenas uma boa médica por ter conhecimentos técnicos de medicina. Ela sempre esteve em contato próximo com os livros, com línguas estrangeiras, com a filosofia, com os clássicos etc. Tudo isto serviu de base para que fosse uma servidora pública de altíssimo nível. Parece

---

[287] CARVALHO, Fábio Lins de Lessa. La función pública en el mundo: rasgos jurídicos, tendencias y retos de siete modelos comparados. *Ars Iuris Salmanticensis*, ESTUDIOS, Salamanca (España), v. 7, p. 41-66, Junio 2019, p. 47.

inegável que o sistema de seleção dos servidores públicos no Brasil deve ser aperfeiçoado para que consiga melhor aferir, dentre aqueles que se apresentem para a ocupação de cargos públicos, os que, além de uma adequada preparação para as provas, tenham uma formação intelectual e moral mais consistente.

O concurso público não pode ser um procedimento que irá apenas medir a capacidade de os candidatos memorizarem informações, muitas vezes inúteis para o exercício do cargo. É imprescindível que o concurso público seja revisto a fim de que possa vir a valorizar mais aqueles que tenham uma maior afinidade e preparo para o desempenho do cargo a ser provido.

Uma outra reflexão advinda do período em que Nise da Silveira chegou ao Rio de Janeiro, mas ainda não havia ingressado no serviço público, gira em torno de sua capacidade de adaptação. Na verdade, este verdadeiro talento foi por ela exercitado em toda sua vida: adaptou-se à queda abrupta no padrão de vida, à mudança de cidade, à vida longe da família, à função pública, à prisão, ao exílio, ao novo setor que passou a dirigir, à vida na Suíça e ao avanço da idade, só para citar alguns exemplos.

A capacidade de adaptação é, muitas vezes, condição de sobrevivência, e isto se aplica também à Administração Pública, que está sempre sujeita às mudanças trazidas pelos novos tempos e novas demandas da sociedade. Para se adaptar, é preciso duas coisas: predisposição e esforço. Muitas vezes, os agentes públicos não querem ou não se esforçam para acompanhar mudanças que se fazem necessárias. Evidentemente, a tais agentes devem ser oferecidas as devidas condições de trabalho.

A terceira reflexão vem do exemplo dado por Nise da Silveira em relação à superação dos problemas que enfrentou durante a faculdade de Medicina, especialmente por se tratar da única mulher em uma turma com mais de uma centena de homens. Nise era discriminada naquela sociedade do começo do século passado. Nise também foi uma das primeiras a ocupar o cargo de médico no serviço público brasileiro.

E no contexto atual, ainda são discriminadas as mulheres no serviço público? Basta lembrar o baixo número de mulheres ocupando cargos de direção na Administração Pública brasileira do século XXI. De acordo com estudo do IPEA, "nos últimos anos, tivemos 188 ministros escolhidos, mas só 21 eram mulheres. De todos os estados do país, apenas 25% são secretárias de estado. 60% das pastas de Educação e Assistência Social são lideradas por mulheres. Na Segurança Pública, não tem nenhuma. Na Saúde só três".[288] Ademais, em relação aos cargos de assessoramento de nível superior (DAS), no âmbito federal, há uma "baixa presença de mulheres. Até o nível 3 de cargos DAS no governo federal, as mulheres representam 48% das ocupantes. No nível 6, o mais alto, são apenas 17%. "O ciclo de decisão no governo só começa a partir do nível 4, quando justamente começamos a diminuir a representatividade."

Neste contexto, devem ser concebidas políticas públicas para que haja uma maior participação das mulheres na Administração Pública brasileira, em todas as esferas, níveis e funções.

Uma quarta reflexão vem da admissão de Nise da Silveira, a partir de sua aprovação em concurso em 1933. Conforme destacado no respectivo capítulo, Nise tinha uma verdadeira vocação para o serviço público, onde passou toda a vida e onde fez a diferença. Todavia, esta jornada não teria acontecido se o provimento daquela vaga não ocorresse a partir de um procedimento administrativo de seleção marcado pela impessoalidade.

Registre-se, mais uma vez, que antes mesmo de a Constituição de 1934 ser promulgada (a primeira a prevê a obrigatoriedade do concurso), o Governo de Getúlio Vargas realizou o concurso. Nise não era uma pessoa influente naquele momento: vinda do Nordeste, mulher, sem recursos financeiros, sem amigos poderosos, com ideias de esquerda... Sem o concurso público, Nise não teria ingressado no Hospital da Praia Vermelha como médica psiquiatra. Mas, alguém dirá: "este problema está superado em 2023". E eu questiono, em tom de denúncia e provocação: "Será mesmo?".

Atualmente, o acesso aos cargos públicos por intermédio do concurso público (portanto, universal, impessoal, objetivo) está bastante ameaçado, especialmente por figuras que já existiam, mas que estão sendo utilizadas com maior frequência (e muitas vezes, indevidamente), como a contratação temporária, a terceirização, o cargo em comissão, o estágio, dentre outras, ou por novos institutos jurídicos, como os contratos com entidades do terceiro setor, que passaram a atuar nas mais diversas áreas, como educação e saúde. Talvez, em 2023, Nise

---

[288] MULHERES ocupam poucos cargos de comando no setor público. *Escola Nacional de Administração Pública (ENAP)*, 17 nov. 2020. Disponível em: http://nap.gov.br/pt/acontece/noticias/mulheres-ocupam-poucos-cargos-de-comando-no-setor-publico#:~:text=Um%20estudo%20do%20Instituto%20de,quadro%20mais%20geral%20do%20pa%C3%ADs. Acesso em: 06 mar. 2023.

da Silveira teria que suplicar uma vaga de médica a uma entidade do terceiro setor contratada por algum ente público para administrar um determinado hospital público.

A quinta reflexão vem dos episódios pelos quais Nise da Silveira passou, ao ser perseguida pelo regime ditatorial de Getúlio Vargas. Ela foi afastada, presa e demitida, supostamente pelas ideias que tinha. Mais uma vez, poderá surgir alguém na multidão e afirmar que, atualmente, o Brasil tem uma democracia forte e consolidada e que a Administração Pública se livrou de seu viés autoritário. Infelizmente, tais situações não estão presentes no contexto brasileiro com a intensidade que se espera.

Na realidade, ainda existem muitos casos de perseguição enfrentados por servidores públicos nos mais diversos Municípios, Estados, Distrito Federal e União, na Administração Direta e Indireta. Aqueles que não comungam dos mesmos valores, interesses e opiniões daqueles que estão no poder pagam um preço alto em diversos contextos. Remoções para localidades distintas, demissões injustas, promoções preteridas, direitos negados e outras situações ainda são comuns no cotidiano administrativo brasileiro, onde gestores públicos autoritários estão presentes e com muita força.

Em outra oportunidade, registrei que

> ressaltar a permanência do autoritarismo e do patrimonialismo no Brasil de hoje não é adotar um discurso pautado no fatalismo, na gênese colonial que nos condena a carregar eternamente o fardo do passado. Reconhecer os problemas é apenas o primeiro e decisivo passo para uma sociedade sair da inércia e virar o jogo.[289]

O período em que Nise foi afastada do serviço público, impedida por oito anos de exercer seu cargo, serve como pano de fundo para a sexta reflexão. A médica alagoana foi obrigada a viver um exílio em diversos estados do Brasil. Nesta época, Nise recobrou forças, tendo se dedicado à leitura e à reflexão.

No livro, destaquei que "a partir destas reflexões, Nise chegou à constatação de, para ser verdadeiramente livre, não teria nenhuma amarra intelectual (nem por Jung), filosófica (nem por Spinoza) ou político-ideológica (nem pelo comunismo, tendo se desligado do Partido

---

[289] CARVALHO, Fábio Lins de Lessa. *Autoritarismo e patrimonialismo no Brasil:* 40 visões da Literatura e da Academia (1500-2021). Curitiba: Juruá, 2021, p. 55.

Comunista)". Com estas novas convicções, passou a orientar suas ações, planejando seu retorno.

Todos precisamos parar de vez em quando para arrumarmos as ideias, para colocá-las em ordem. Por mais incrível que pareça, a própria Administração Pública também precisa "parar para refletir", o que acontece em diversas situações, como quando elabora a proposta orçamentária, quando elabora políticas públicas, quando faz um planejamento estratégico ou mesmo quando realiza reuniões de trabalho para estabelecer ou avaliar metas. Como se vê, é essencial pensar sobre aquilo que se vai fazer ou até sobre aquilo que se fez.

A sétima reflexão vem do capítulo em que Nise da Silveira apresenta toda a sua indignação contra uma série de procedimentos que vinham sendo adotados em sua repartição pública, ou seja, no Centro Psiquiátrico Nacional Pedro II, no Engenho de Dentro (Rio de Janeiro). A médica alagoana não aceitou fazer uso de tratamentos psiquiátricos que eram utilizados comumente por seus colegas, por considerar tais métodos terapêuticos agressivos, degradantes e ineficazes.

A indignação de Nise foi necessária para garantir o que ela considerava mais importante: tratar as pessoas atendidas no serviço público com humanidade, algo muitas vezes tão esquecido nos hospitais, postos de saúde, creches, escolas, universidades, delegacias, presídios, dentre outros equipamentos públicos.

Ao dizer "Não, eu não aperto" no episódio do eletrochoque, Nise da Silveira deu um exemplo extraordinário, não da desobediência de um servidor público, mas de sua resistência e de sua consciência em relação a seus deveres que, antes de tudo, impõem que sejam tratadas as pessoas com dignidade.

A próxima reflexão (a oitava) provavelmente está entre as mais importantes: Nise da Silveira era uma servidora pública inovadora, que usava e abusava da criatividade em todos os momentos possíveis. Hiperativa, a médica alagoana buscava introduzir novos métodos terapêuticos e, com o passar dos anos, foi os aperfeiçoando, a partir das mais diversas iniciativas: ateliês e oficinas de terapia ocupacional, festas, animais, museu, casa de reinserção social, grupo de estudos etc. Tudo isto com muito afeto, que ela considerava como o catalisador dos tratamentos.

Como a Administração Pública muitas vezes é avessa à inovação! Fazer sempre o mesmo é mais confortável, ainda que os resultados (negativos) também sejam sempre iguais. Nise da Silveira deu uma verdadeira chacoalhada na mesmice. Ela dizia que "todos os problemas resolvidos hoje não estão resolvidos amanhã. Recomeçar tudo a cada dia", pois sabia que o dinamismo deveria estar sempre presente. Nise não tinha receio de experimentar, de tentar algo diferente. E tudo isto sem qualquer apoio ou incentivo de seus chefes no hospital. Ao contrário: Nise enfrentou resistência, foi alvo de chacotas, de olhares desconfiados, de sabotagens (como no episódio em que colocaram veneno na comida dos animais coterapeutas). Apesar de tudo o que passou, Nise continuava firme. Eu até diria que ela se fortalecia nesses momentos.

A nona reflexão é um convite ao estímulo à adoção das políticas públicas de capacitação dos servidores públicos, ao aperfeiçoamento técnico contínuo, que deve não apenas uma política de Governo, mas de Estado.

Nise da Silveira já era ótima servidora pública, mas queria ser ainda melhor, não por vaidade, mas porque sabia que ainda tinha muito que aprender, que evoluir. Por isto, deixou tudo e foi estudar com Carl Gustav Jung, na Suíça. Em outra oportunidade, deixei registrado que:

> A eficiência da atuação da Administração Pública depende de inúmeros fatores, da adequada organização administrativa à adoção da cultura do planejamento, da suficiência dos recursos materiais à qualificação dos recursos humanos. Todavia, convém destacar que, frequentemente, o mapeamento organizativo e funcional das administrações públicas somente reflete as características mais abstratas, deixando ocultos os atributos materiais decisivos para a vida administrativa, cuja imagem espectral é de um mundo vivo cuja essência é o ser humano. [...] Há uma relação direta entre a eficiência na prestação dos serviços públicos (em especial, os sociais) e as condições que o Poder Público proporciona a seus servidores, destacando-se, neste contexto, a necessidade de haver uma maior preocupação com a motivação e a capacitação dos profissionais do setor público, algo que vem sendo negligenciado no Brasil.[290]

A décima reflexão é derivada do reconhecimento de que, no setor público, quando o assunto é conhecimento, não devem prevalecer egoísmos, vaidades e individualidades. Ao contrário, devem ser estimuladas práticas de disseminação, de compartilhamento e de debate

---

[290] CARVALHO, Fábio Lins de Lessa. A capacitação dos servidores públicos como condição de desenvolvimento dos municípios brasileiros. *In*: CARVALHO, Fábio Lins de Lessa; GOMES, Filipe Lôbo; FREITAS, Janaína Helena de; RODRIGUES, Ricardo Schneider (coords.). *Direito Administrativo Municipal*. Curitiba: Juruá, 2022, p. 287.

de ideias, uma vez que não há Administração Pública forte quando ela é apenas formada por servidores públicos que, individualmente considerados, sabem o que fazer.

Também deve haver espírito de grupo, consciência de que o todo é mais importante que cada uma das partes. Neste sentido, deve o Direito Administrativo estabelecer instrumentos que valorizem a discussão interna de ideias, e o diálogo com a sociedade civil.

No primeiro caso, podemos citar o exemplo dos grupos de estudo e de pesquisa, dos fóruns que reúnem servidores de uma determinada área, que muitas vezes estão espalhados pelo país e precisam se encontrar para trocar experiências. Nise era uma grande disseminadora dos conhecimentos que adquiriu ao longo da vida. Seus seguidores ainda estão por aí, fazendo a diferença.

No segundo caso (diálogo com a sociedade civil), estão inseridas as audiências e as consultas públicas, importantes instrumentos da democracia administrativa, pois viabilizam a participação social.

A décima primeira reflexão gerada pela trajetória de Nise da Silveira diz respeito à dedicação da médica alagoana ao serviço público. Neste aspecto, seria o caso de Nise algo raro?

É evidente que não. Embora não se queira aqui fazer comparações, é inegável que existem incontáveis servidores que dedicam suas vidas à coletividade: são médicos, enfermeiros, assistentes sociais, psicólogos, merendeiras, faxineiras, professores, policiais, bombeiros, fiscais, dentre tantas outras categorias profissionais que, muitas vezes, fazem um trabalho invisível aos olhos do grande público, da mídia, mas que fazem a diferença na vida de milhões de pessoas.

O caso de Nise é emblemático, porque temos aí um exemplo inquestionável e famoso de alguém que se sentia "visceralmente amarrada ao serviço público", como ela confessara. Para Arthur da Távola, Nise era "exação em pessoa como servidora pública exemplar, para quem servir era o único escopo da atividade". Mas são muitas as Nises que estão espalhadas pelo Brasil de forma anônima. A dedicação desses servidores públicos precisa ser reconhecida e valorizada.

Nesse contexto, aí chegamos à décima segunda e última reflexão: como valorizar os servidores públicos no Brasil? A partir do caso de Nise, podemos falar de três espécies de valorização desses que atuam em prol da coletividade.

A primeira, que Nise já teve em vida e, principalmente, após sua morte, está mais ligada ao reconhecimento, o que se verifica com tantas homenagens, títulos, prêmios, medalhas e comendas recebidos por ela, como pelo surgimento de inúmeros admiradores e seguidores, que se dedicam à perpetuação das ideias da médica alagoana.

Outras duas espécies de valorização, todavia, tiveram um destino diferente: a que está relacionada ao tratamento que a Administração Pública lhe conferiu durante sua vida funcional foi marcada por passagens tristes, com muitos momentos de desestímulo, perseguição e descaso. A outra, que diz respeito ao alcance dos objetivos almejados por Nise da Silveira, vê-se que ainda não há o reconhecimento geral das pessoas com doenças mentais como seres humanos que merecem ser tratados com respeito e dignidade.

Nesses dois casos, as atuais e futuras gerações ainda podem fazer muita coisa: se não dá para voltar no tempo e dar à Nise da Silveira melhores condições de trabalho, é plenamente possível fazer isto com aqueles que estão e estarão no serviço público brasileiro.

Por sua vez, em relação ao tratamento mais humano que a sociedade e o Estado devem conferir às pessoas com doenças mentais, resta inegável que, quanto mais o legado de Nise for divulgado (inclusive em meios aonde dificilmente chega, como o jurídico), mais chances teremos de viver melhores dias. Se isto acontecer, veremos que Nise da Silveira, mais que uma heroína e visionária, foi alguém que logrou mudar o mundo.

MUNDO NISE EM IMAGENS[291]

Figura 1 – Maceió nos tempos em que Nise da Silveira vivia na cidade

Fonte: https://www.historiadealagoas.com.br/eduardo-roberto-stuckert-e-os-cartoes-postais-de-maceio.html

---

[291] Imagens obtidas no Arquivo Pessoal Nise da Silveira - SAMII, Acervo Museu de Imagens do Inconsciente/IMNS, Arquivo da Universidade Federal da Bahia, Arquivo Luitgarde Barros, Arquivo Casa das Palmeiras, Acervo da Fundação Biblioteca Nacional – Brasil, site História de Alagoas, Arquivo do Colégio Santíssimo Sacramento, Arquivo Público de Alagoas, Museu de Imagem e do Som de Alagoas.

Figura 2 – Rua Boa Vista, centro de Maceió,
onde nasceu Nise em 1905

Fonte: https://www.historiadealagoas.com.br/primordios-da-fotografia-em-maceio.html

Figura 3 – Desfile no dia 07 de setembro de 1915 pelas ruas de Maceió, com as alunas do Colégio Santíssimo Sacramento, onde Nise estudou

Fonte: https://www.historiadealagoas.com.br/fundacao-do-centenario-colegio-do-santissimo-sacramento-de-maceio.html

MUNDO NISE EM IMAGENS | 165

Figura 4 – Colégio Santíssimo Sacramento, em Maceió

Fonte: https://www.historiadealagoas.com.br/fundacao-do-centenario-colegio-do-santissimo-sacramento-de-maceio.html

Figuras 5, 6 e 7 – Nise nos tempos de Maceió

Fonte: https://issuu.com/itaucultural/docs/ocupacao_nise_da_silveira

Figura 8 – Faculdade de Medicina da Bahia, em Salvador

Fonte: https://marimaribritto.wordpress.com/

Figura 9 – Turma de Medicina em aula de anatomia em 1921

Nise está ao lado de seu colega e conterrâneo Arthur Ramos (que se tornaria o primeiro Diretor de Ciências Sociais da UNESCO em 1949)
Fonte: https://www.itaucultural.org.br/ocupacao/nise-da-silveira/nise/

Figura 10 – A única mulher na turma de Medicina na Bahia

Fonte: https://www.itaucultural.org.br/ocupacao/nise-da-silveira/nise/

Figura 11 – Nise de beca

Fonte: https://parentesco.com.br/index.php?apg=arvore&idp=28583#3

Figura 12 – Capa da tese apresentada por Nise da Silveira à Faculdade de Medicina da Bahia, em 1926

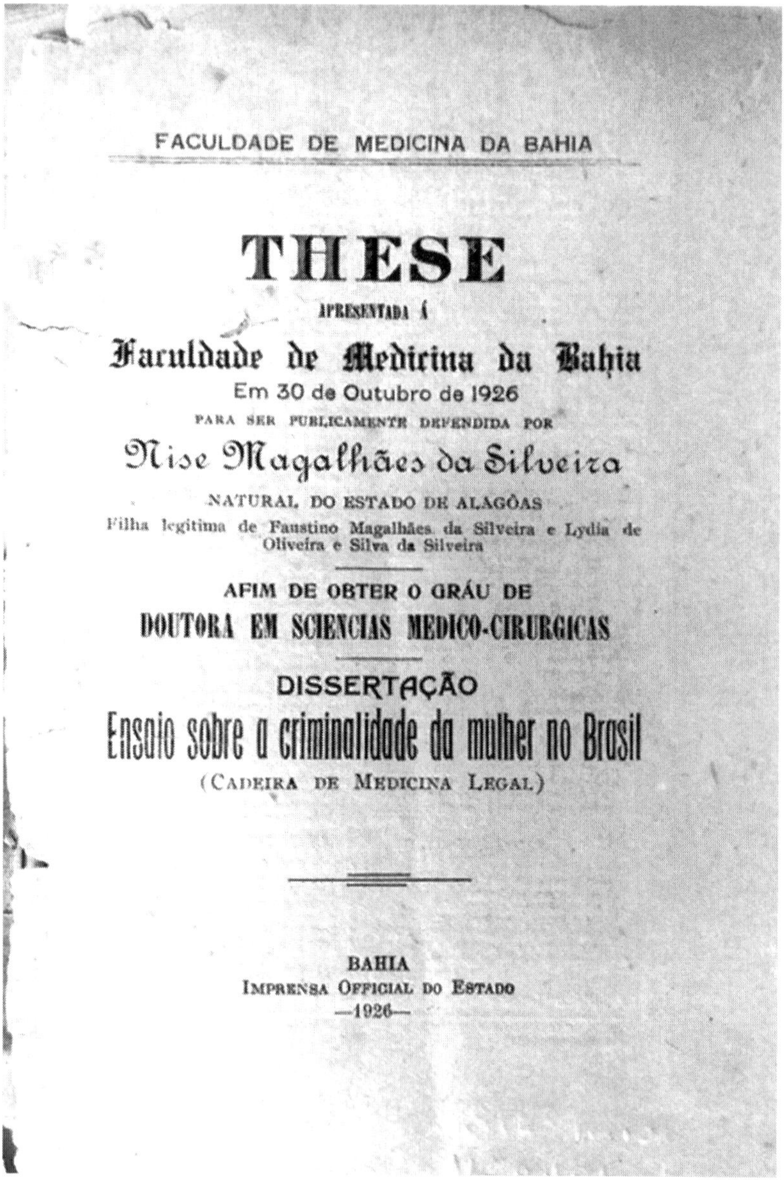

FACULDADE DE MEDICINA DA BAHIA

THESE

APRESENTADA Á

Faculdade de Medicina da Bahia

Em 30 de Outubro de 1926

PARA SER PUBLICAMENTE DEFENDIDA POR

Nise Magalhães da Silveira

NATURAL DO ESTADO DE ALAGÔAS

Filha legitima de Faustino Magalhães da Silveira e Lydia de Oliveira e Silva da Silveira

AFIM DE OBTER O GRÁU DE

DOUTORA EM SCIENCIAS MEDICO-CIRURGICAS

DISSERTAÇÃO

Ensaio sobre a criminalidade da mulher no Brasil

(CADEIRA DE MEDICINA LEGAL)

BAHIA

IMPRENSA OFFICIAL DO ESTADO

—1926—

Fonte: http://www.bvconsueloponde.ba.gov.br/modules/conteudo/conteudo.php?conteudo=167

Figuras 13 e 14 – Nise e seu esposo, primo e colega Mário Magalhães

Fonte: https://www.itaucultural.org.br/ocupacao/nise-da-silveira/nise/

Figura 15 – Rua do Curvelo, Santa Teresa, Rio de Janeiro-RJ, onde Nise morou entre 1927 e 1932 (no sobrado de nº 56)

Fonte: Acervo do Arquivo Geral do Estado do Rio de Janeiro

Figura 16 – Hospício da Praia Vermelha: primeiro local de trabalho
da servidora pública Nise da Silveira

Fonte: http://juarezribeiroa.blogspot.com/2018/02/hospicio-nacional-dos-alienados-rio-de.html

Figuras 17,18, 19 – Manchetes de jornais de época da prisão de Nise

Provada
a actividade extremista da dra. Nise da Silveira
Documentos encontrados no Hospital Nacional de Alienados

A dra. Nise da Silveira, medica do Hospital Nacional de Alienados, foi uma das primeiras senhoras presas como suspeitas de exercer actividades extremistas. Essa suspeita se fortalecia ainda pelo facto da mesma ser uma das directoras da União Feminina do Brasil, associação congenere da Alliança Nacional Libertadora. No emtanto, no decorrer das primeiras investigações, nada ficou apurado que possitivasse as accusações que pesavam sobre a medica. Por isso, foi ella solta, não esquecendo a policia, os motivos que levaram a prendel-a. Assim é que, continuando nas investigações, veiu descobrir provas da coparticipação daquella senhora, nos ultimos acontecimentos extremistas verificados no paiz.

O delegado Brandão Filho, do 3º districto policial, conseguiu apprehender dentro do proprio Hospital Nacional de Alienados uma maleta contendo correspondencia, parte em codigo e parte em lingua estrangeira. Pertencendo a maleta á doutora Nise, esta, seriamente comprometida, foi presa novamente e remettida para a Casa de Detenção, onde se encontra.

por meio de sorteios publicamente realizados sob a fiscalização do Ministerio da Fazenda, em nossa redacção todos os dias, ás 3 horas da tarde.

PEÇA, HOJE MESMO, A SUA ASSIGNATURA: —
Annual 55$ — Semestral 30$
RUA BUENOS AIRES, 154

Rio de Janeiro

LIVRARIA ALVES Livros collegiaes o acadêmicos. Rua do Ouvidor n.º 166.

Correio de S. Paulo

RUA LIBERO BADARÓ, 18
TELEPHONE: 2-2092

Propriedade da Empresa Paulista Jornalistica Ltda.

Director:
PEDRO FERRAZ DO AMARAL

ANNO IV | END. TELEGR.: "CORSPAULO" CAIXA POSTAL: 2749 | S. Paulo — Quinta-feira, 14 de Maio de 1936 | ASSIGNATURA Annual ...... 60$000 | NUM. 1.201

PRESA NO RIO
uma medica communista!
A DRA. NISE MAGALHAES DA SILVEIRA ACCUSADA DE MANTER CORRESPONDENCIA COM MOSCOU — O QUE A POLICIA APUROU A SEU RESPEITO

AS ACTIVIDADES EXTREMISTAS DA ACCUSADA
Após o reconhecimento

A ITALIA ESTÁ DISPOSTA A ABANDONAR GENEBRA
se a Liga das Nações não mudar de attitude

Regressou do Rio o dr. Piza Sobrinho

INTEIRA
m só homem!
consolida-se a politica austriaca

O conde Ciano, os filhos de Mussolini e

Fonte: http://www.bvconsueloponde.ba.gov.br/modules/conteudo/conteudo.php?conteudo=167

MUNDO NISE EM IMAGENS | 177

Figura 20 – Ficha de Nise na Polícia Civil do Distrito Federal

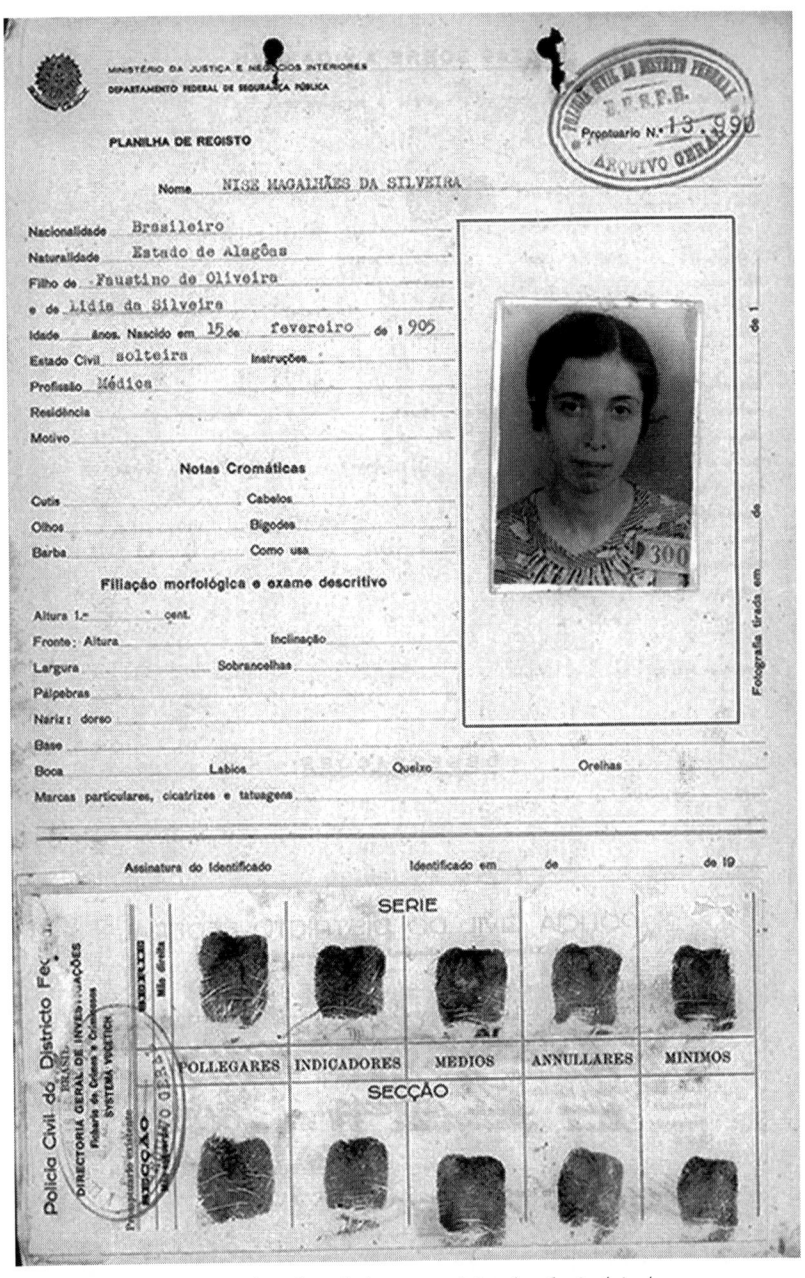

Fonte: https://www.itaucultural.org.br/ocupacao/nise-da-silveira/nise/

Figura 21 – Casa de Detenção na Rua Frei Caneca, Rio de Janeiro, onde Nise ficou presa por 455 dias (entre 26.03.1936 e 21.06.1937)

Fonte: Acervo do Arquivo Nacional

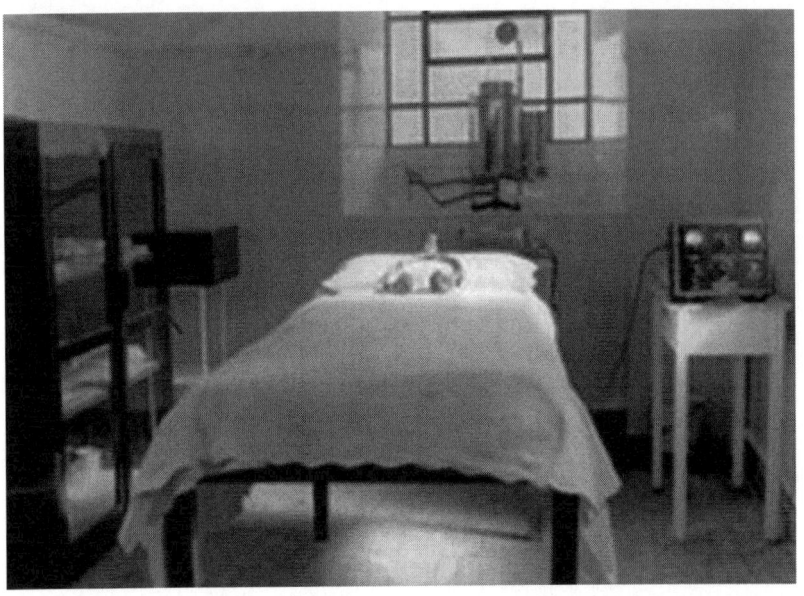

Figura 22 – Sala de Eletroquoque – Hospital Juqueri (1945)

Fonte: https://memoriasdaloucuraimns.46graus.com/a-exposicao/psiquiatra-rebelde/

Figura 23 e 24 – No Centro Psiquiátrico Pedro II
(Hospital do Engenho de Dentro)

Fonte: http://www.ccms.saude.gov.br/cincoartistas/emygdio.php,

Fonte: https://www.itaucultural.org.br/ocupacao/nise-da-silveira/arte-e-psiquiatria/

Figuras 25 e 26 – Afeto, liberdade e criatividade

Fonte: https://valor.globo.com/eu-e/noticia/2017/11/24/humanismo-necessario-em-tempos-intolerantes.ghtml

Fonte: https://www.itaucultural.org.br/ocupacao/nise-da-silveira/arte-e-psiquiatria/

Figuras 27, 28 e 29 – Nise com Jung na Suíça

Fonte: http://www.ccms.saude.gov.br/nisedasilveira/encontro-com-jung.php

Figura 30 – Rua Marquês de Abrantes, nº 51,
Flamengo, Rio de Janeiro-RJ

No apartamento 503, moravam Nise da Silveira e Mário Magalhães

No quarto andar (foto acima), ficava a biblioteca de Nise, local onde se reunia o Grupo de Estudo C. G. Jung

Fonte: https://www.itaucultural.org.br/ocupacao/nise-da-silveira/jung/

Figuras 31 e 32 – Nise nas décadas de 1930-40-50

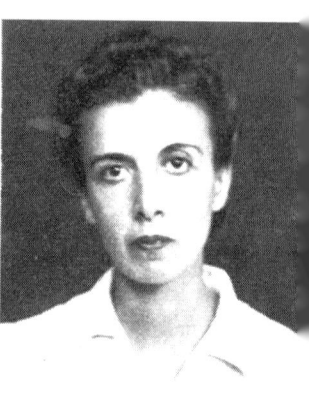

Fonte: https://www.itaucultural.org.br/ocupacao/nise-da-silveira/nise/

Figuras 33, 34 e 35 – Nise nas décadas de 1970-80-90

Fonte: https://www.itaucultural.org.br/ocupacao/nise-da-silveira/nise/

Figura 36 – Museu de Imagens do Inconsciente

Fonte: http://www.ccms.saude.gov.br/nisedasilveira/museu-de-imagens-do-inconsciente.php

Figura 37 – Casa das Palmeiras quando funcionava em um prédio na Tijuca (Rio de Janeiro)

Fonte: http://casadaspalmeiras.blogspot.com/2019/09/quaternio-revista-livro-memoria-nise-da.html

MUNDO NISE EM IMAGENS | 187

Figuras 38 e 39 – Revistas em homenagem a Nise

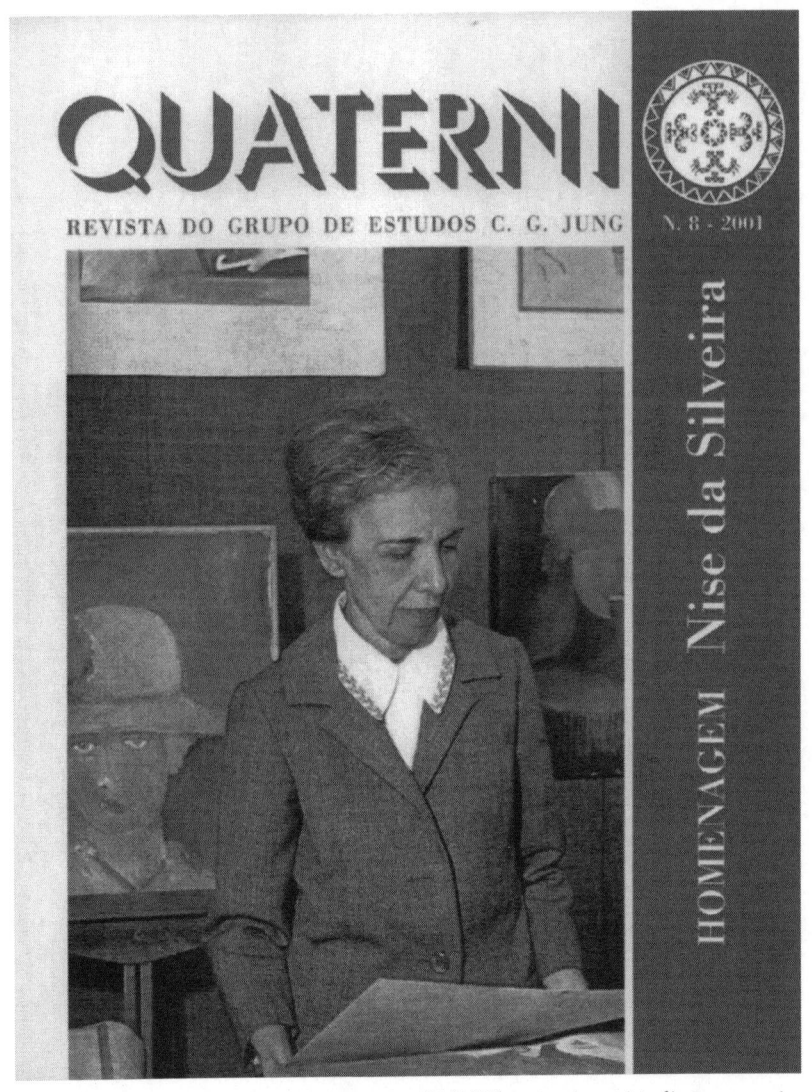

QUATERNIO
REVISTA DO GRUPO DE ESTUDOS C. G. JUNG
N. 8 - 2001

HOMENAGEM Nise da Silveira

Fonte: http://casadaspalmeiras.blogspot.com/2019/09/quaternio-revista-livro-memoria-nise-da.html

Fonte: https://issuu.com/revistacontinente/docs/185_-_mai_16_-_nise_da_silveira

Figura 40 – Cartaz do filme *Nise: o coração da loucura* (2016)

Fonte: https://pt.wikipedia.org/wiki/Nise:_O_Cora%C3%A7%C3%A3o_da_Loucura

Figura 41 – Cartaz do filme *Olhar de Nise* (2015)

Fonte: https://www.adorocinema.com/filmes/filme-240634/

Figura 42 – Abaixo-assinado para revogação do veto presidencial

Fonte: https://www.facebook.com/ELOpsicologiaeAT/

Figura 43 – Nise da Silveira, uma servidora pública reconhecida como Heroína da Pátria

Fonte: https://www.crefito1.org.br/noticias/6930/crefito-1-apoia-a-inclusao-da-dra-nisa-da-silveira-no-livro-herois-e-heroinas-da-patria

CRONOLOGIA

15.02.1905 – nasce em Maceió (AL), filha de um professor de matemática e uma pianista.

1920 – conclui seus estudos no Colégio Santíssimo Sacramento e é aprovada nos exames de admissão do Liceu Alagoano.

1921 – no dia 21 de março, Nise deixa Maceió a bordo do vapor Itassucê, acompanhada do pai. Muda-se para Salvador (BA), onde passa a estudar na Faculdade de Medicina da Bahia.

26.12.1926 – conclui sua graduação em Medicina, tornando-se a primeira alagoana médica. Sua tese de final de curso teve como título *Ensaio da criminalidade da mulher no Brasil*.

06.01.1927 – retorna a Maceió, onde, em 10 de fevereiro, seu pai morre, o que a faz decidir morar no Rio de Janeiro.

1932 – realiza um período de estágio na clínica do Dr. Antônio Austregésilo, grande nome da neurologia no país. Entre 10 de outubro de 1932 e 30 de junho de 1933, Nise faz residência médica no Pavilhão da Clínica Neuriátrica da Faculdade Nacional de Medicina da Universidade do Brasil, onde permanece até o dia 30 de junho de 1933.

1933 – após ser aprovada em concurso público para médico psiquiatra, começa a trabalhar em 27 de abril no Serviço de Assistência a Psicopatas e Profilaxia Mental do Hospital da Praia Vermelha.

1936 – em 26 de março, é presa, acusada de ser comunista. Permanece presa por 455 dias. Na prisão, conhece o escritor alagoano Graciliano Ramos. Os relatos deste encontro estão presentes nas páginas do livro *Memórias do cárcere*.

1937 – é libertada em 21 de junho de 1937, mas permanece afastada do serviço público e continua a sofrer perseguição política. Passa viver em vários lugares do país (Bahia, Pernambuco, Alagoas e Amazonas) com receio de ser novamente presa.

1944 – com a redemocratização do país, é reintegrada ao serviço público, passando a trabalhar no Centro Psiquiátrico Nacional Pedro II, no Engenho de Dentro, no Rio de Janeiro.

1946 – funda a seção de Terapia Ocupacional no Centro Psiquiátrico Nacional Pedro II, onde instala dezessete oficinas.

1952 – funda o Museu de Imagem do Inconsciente, no Rio de Janeiro. Atualmente, com mais de 360 mil obras de arte, é o maior do gênero no mundo.

1954 – começa a se corresponder com Carl Gustav Jung, pai da psicologia analítica.

1956 – cria a Casa das Palmeiras, primeira instituição dedicada à reinserção social do ex-internos dos hospitais psiquiátricos.

1957 – passa a realizar estudos no "Instituto Carl Gustav Jung", em Zurique (Suíça), primeiramente entre 1957 a 1958, e, em um segundo momento, entre 1961 a 1962, sempre sob a supervisão em psicologia analítica de Marie-Louise von Franz, assistente de Jung. Também retorna à Suíça para uma temporada de estudos em 1964.

1961 – é chamada a Brasília pelo presidente Jânio Quadros para apresentação de um plano de desenvolvimento da terapêutica ocupacional nos hospitais psiquiátricos federais.

1968 – publica o livro *Jung: vida e obra*.

1974 – recebe o prêmio de Personalidade Global Feminina, conferido pelo jornal O Globo e Rede Globo de Televisão.

1975 – por completar setenta anos de idade, é aposentada compulsoriamente de suas funções junto à Divisão Nacional de Saúde Mental, do Ministério da Saúde. O ato de aposentadoria é publicado em 14 de julho de 1975.

1981 – o Presidente da República João Batista de Figueiredo concede à Nise a Medalha de Mérito Oswaldo Cruz, na categoria ouro.

1986 – falece seu esposo e primo Mário Magalhães da Silveira.

1988 – recebe o título de professora *honoris causa* da Escola de Ciências Médicas de Alagoas e da Universidade do Estado do Rio de Janeiro.

1993 – recebe a Medalha Chico Mendes outorgada pelo grupo Tortura Nunca Mais.

1995 – publica o livro *Cartas a Spinoza*.

1999 – morre no Rio de Janeiro de insuficiência respiratória aos 94 anos.

1999 – o Governo de Alagoas institui a Comenda Nise da Silveira, para personalidades femininas brasileiras ou estrangeiras, a ser outorgada no Dia Internacional da Mulher.

2000 – em eleição realizada pelo Jornal *Gazeta de Alagoas*, é escolhida entre os três maiores nomes de Alagoas no século XX, ao lado de Graciliano Ramos e de Pontes de Miranda.

2016 – é lançado o filme brasileiro de longa metragem intitulado *Nise: o coração da loucura*, dirigido por Roberto Berliner.

2017 – o Arquivo Pessoal de Nise da Silveira foi aprovado para constituir Registro Internacional do Programa Memória do Mundo da UNESCO.

2021 – o hospital psiquiátrico do Engenho de Dentro dá adeus às internações, e os antigos internos são realocados em residências terapêuticas e continuam recebendo acompanhamento psiquiátrico.

2022 – Nise da Silveira é reconhecida pelo Estado brasileiro como Heroína da Pátria (Lei Federal nº 14.401, de 08 de julho de 2022).

FRASES DE NISE

"As atividades privadas nunca me atraíram. Sinto-me visceralmente amarrada ao serviço público"

"Preciso de mergulhadores."

"A palavra que mais gosto é liberdade. Gosto do som desta palavra."

"Nunca!" (após terem ordenado que ela ligasse o botão do eletrochoque)

"As coisas não são ultrapassadas tão facilmente, são transformadas."

"Estou cada vez menos doutora, cada vez mais Nise."

"Formar um grupo é muito mais difícil do que escrever vinte livros."

"Só os loucos e os artistas podem me compreender."

"Um diálogo é estimulante. A solidão também."

"Sou igual a um sururu, uma ostrinha que custa a sair da casa."

"A palavra recuar não faz parte do meu dicionário."

"O que é o tempo quando se está atordoado pelos pensamentos?"

"O que melhora o atendimento é o contato afetivo de uma pessoa com outra. O que cura é a alegria, o que cura é a falta de preconceito."

"É nos pântanos que nascem os lírios."

"Arte e afeto curam, muito mais que os psicotrópicos."

"A loucura está profundamente ligada ao desamor e, por isso, é preciso amor para salvar alguém da loucura."

"Deve-se peneirar sete vezes todos os estudos. Uma matéria só se torna firme, com forma, quando for várias vezes peneirada."

"Meus defeitos são tantos que até as minhas virtudes são defeituosas."

"Para começar a estudar é preciso, de início, capinar, capinar, capinar..."

"O sentido da vida está no inconsciente."

"Todos os problemas resolvidos hoje não estão resolvidos amanhã. Recomeçar tudo a cada dia."

"Ah! Este meu sangue nordestino... com Lampião debaixo da pele."

"Quando o encontrei foi como se tivesse encontrado um ponto de referência estável. Foi um parceiro de viagem ideal para navegar nesse mar agitado do inconsciente." (sobre Carl Gustav Jung)

"Aprendi mais com a literatura do que com os tratados de psiquiatria. Um conto de Machado de Assis, "Missa do Galo", exprime com mais clareza e sutileza as coisas do que um psiquiatra. Aprende-se mais com Machado de Assis sobre a natureza humana do que em livros de psicologia."

"Eu não pertenço a nenhuma sociedade, nem mesmo à Sociedade Junguiana. Está claro que minha posição política é uma posição de esquerda, mas não sou pessoa de colocar nenhuma coleira no pescoço. Eu vou andando pela vida, fazendo rupturas."

"Meu trabalho tem um caráter científico [...] Nunca pretendi ser espelho. As pesquisas não dependem da minha presença para continuar. Tudo que está aí é uma batalha de heróis, que só vai ser assimilada daqui a mais de 50 ou 60 anos."

"Repetem que estou aposentada, não me senti aposentada. Não houve cadeia, não houve aposentadoria que me reduzisse à inércia."

"Sabe qual a diferença entre o velho e o idoso? O velho se entrega, o idoso não."

"Exageram quando falam da minha participação política. Eu sempre achei injusto socialmente que uns não tivessem direito direto a nada ou quase nada e outros direito a tudo."

FRASES SOBRE NISE

"Ela é uma pessoa que conseguiu juntar teoria e existência. Ela é um ser ético, ela é uma das referências fundamentais do Brasil, um coração extremamente poético, extremamente criador, extremamente bonito. E é um exemplo, para o Brasil, de uma pessoa que realizou uma obra que tem a sua marca. Não há dissociação entre obra e vida. Há um trabalho só: a vida e a obra, a obra e a vida." (Pedro Pellegrino)

"Nunca me havia aparecido criatura mais simpática." (Graciliano Ramos, ao relatar, em *Memórias do cárcere*, o primeiro encontro com Nise, ocorrido na prisão)

"Nise, você não é psiquiatra, você é maluca." (Graciliano Ramos)

"Nise alma de santa em estilo guerreiro, mescla de forças abissais com sutilezas orientais." (Arthur da Távola)

"Nise exação em pessoa como servidora pública exemplar, para quem servir era o único escopo da atividade." (Arthur da Távola)

"A Dra. Nise da Silveira é a mulher do século no Brasil, por ter nos dado uma visão mais humana e inovadora da loucura como expressão da riqueza subjetiva de pessoas que são consideradas deficientes mentais ou portadoras de distúrbios psíquicos. A Dra. Nise nos ensina a descobrir por trás de cada louco, um artista; por trás de cada artista, um ser humano com fome de beleza, sede de transcendência." (Frei Betto)

"Restituída à atividade médica especializada, em cargo público que na aposentadoria lhe proporcionará os proventos de Cr$ 1mil740, dedicou-se a uma obra em que o interesse científico é amalgamado com o interesse humano, e toda pesquisa envolve amor ao ser – o ser distanciado da imprecisa fronteira do normal." (Carlos Drummond de Andrade)

"Era uma pessoa muito doce, delicadíssima, requintada e sempre amável, mas, por vezes, de uma irritabilidade surpreendente, capaz de dizer palavras terríveis e muito duras para pessoas que, por alguma razão, se chocavam com suas ideias. Jamais sofri dos seus relâmpagos inesperados, à queima-roupa, mas assisti, perplexa, a cenas horríveis. 'Este meu temperamento alagoano...com Lampião debaixo da pele'. Ela suportava serenamente a ignorância das atitudes humildes, mas era implacável com a empáfia dos soberbos; ou ficava muda com ar de desprezo absoluto ou era capaz de dizer: 'Sua idiota, vai estudar primeiro antes de abrir a boca e falar tanta besteira'." (Martha Pires Ferreira)

"Nise da Silveira teve um papel decisivo, com impressionante sincronia, na história da psiquiatria e da arte brasileira. Se introduziu métodos inovadores de relacionamento com os doentes, também possibilitou que a arte brasileira caminhasse numa direção originalíssima e impensável antes de sua aparição." (Ferreira Gullar)

"Devemos reverenciar esta alagoana que se impôs, quebrou regras, enfrentou adversários, defendeu os injustiçados, propagou solidariedade, expandiu seu saber compartilhando com os que sabiam comungar de seus valores, enfim, pautou sua vida alicerçada para o bem." (Dídimo Otto Kummer)

"Nise... de olhos ansiosos, em busca de espíritos perdidos em profundezas abissais para o retorno à luz. (Celso Arcoverde)

"Nise está para a Psicologia como Mercedes Sosa para a música, ou Marie Curie para a Ciência, todas grandes mulheres do mundo." (Laís Aderne)

"O seu pensamento, absolutamente livre e sempre original, foi capaz de reproduzir nas pessoas, a essência de um processo de cura único, que nasce e se desenvolve pelo respeito." (Clélia Cavalcante Ferrari)

"Só o tempo revelará aos brasileiros a dimensão de sua importância. Ela encarnou o "mito" da Grande Sábia entre nós. Em sua simplicidade ocultava uma grandeza que poucos compreenderam, principalmente no mundo científico da época, ela que foi a psiquiatra-mor deste século, no Brasil." (Diana Piló e César Parga)

"Nise era uma grande romântica, com o amor que ela tinha, que poucas pessoas, de fato, possuem, foi alguém que sabia o que era amar." (Elke Maravilha)

"Dra. Nise é uma árvore que soube crescer com galhos para todos os lados. É como uma grande árvore sempre com brotos novos. Velhas folhas "caem" e outras folhas novas vão nascendo. Ela é quase uma divindade, seu trabalho é um trabalho divino." (José Paixão)

"A vida de Nise da Silveira foi uma vida dedicada incondicionalmente a aliviar o sofrimento dos mais pobres, presos nos entraves das forças gigantescas do mundo inconsciente." (Léon Bonaventure)

"Uma personalidade constituída por um temperamento rico e por um caráter acentuadamente produtivo, uma figura ímpar que perfeitamente configura o amor produtivo." (Agatângelo Vasconcelos)

"Suas reflexões eram desenvolvidas a partir de profunda solidariedade com o sofrimento dos homens, dos animais e da sociedade." (Luitgarde Oliveira Cavalcanti Barros)

"Nise da Silveira era uma mulher capaz de mudar um destino. Mudou a vida de algumas pessoas, o rumo da psiquiatria, da arte e da psicologia no Brasil." (Lula Vanderlei)

"Nise encarnou a síntese que unifica o arguto olhar científico ao gesto humano e amoroso." (Lygia Franklin de Oliveira)

"Mesmo já tendo ouvido falar de pessoas com genialidade excepcional (como Einstein, Da Vinci e Gandhi, entre tantos outros) ela foi o único gênio vivo que conheci e, certamente, a pessoa mais inteligente com quem tive contato." (Márcia Leitão da Cunha)

"Impressionavam-me seu extraordinário vigor mental, grandeza de coração, simplicidade e autenticidade." (Odete Lara)

"Nise da Silveira é, sem dúvida, uma das personalidades mais importantes do século. Sua obra magistral, constituindo uma revolução de grande amplitude no seu campo, configura o eixo da psiquiatria do futuro." (Philippe Bandeira de Mello)

"A eterna psiquiatra Nise da Silveira surgiu neste horizonte sombrio para compreender e encaminhar o homem inadaptado à mesmice da vida. E dedicou sua vida inteira – enfrentando, apesar do seu mínimo tamanho, todos os poderosos e estúpidos do seu tempo com a sua sabedoria, sua paciência e a sua, por vezes, irritante persistência a esta missão." (Sebastião Barbosa)

"Ocupavas-te o tempo todo da busca alquímica do verdadeiro ouro, o ouro do amor, da solidariedade, o ouro do conhecimento, o ouro da descoberta do verdadeiro Ser de cada um e de todos." (Teresa Vignoli)

"Nise da Silveira, uma pessoa de uma genialidade sem precedentes. Extraordinária pelas suas qualidades e defeitos. Alguém ímpar, que fez da sua vida um acontecimento decisivo: uma alquimista dos nossos tempos." (Vicente de Paulo C. Saldanha)

"A arte de seus queridos loucos estava a serviço da ciência e da cura. Era com olhos de terapeuta – a mais ousada em toda a história da psiquiatria brasileira e precursora mundial da antipsiquiatria – que ela procura apreender o tumultuado universo depositado em cores, linhas e em volume escultório. A beleza – a Dra. Nise bem sabe que algumas obras valem-se desta força e sedução – ficava para críticos, amadores da arte. Ela quer o bem-estar de seus clientes. E fazer ciência." (Wilson Coutinho)

"De certa forma sua vida vai balizar-se nestes dois marcos: sua originalidade, sem adjetivos, tornou-se a única no trabalho que desenvolveu; sua rebeldia mostrou-a tenaz na luta contra as convenções da psiquiatria tradicional." (Agilberto Calaça)

APELIDOS DADOS A NISE[292]

"Amiga dos animais" (Luiz Carlos Saldanha, cineasta)

"Arquétipa" (Ademir Pacelli, psicólogo)

"Bandeirante" (Leon Bona Ventura)

"Barulhenta" (Lula Vanderlei)

"Caralâmpia" (seu pai Faustino)

"Cangaceira" (Luiz Carlos Saldanha)

"Desbravadora" (Fauzi Arap)

"Deusa Bastet" (Leda Maas)

"Escafandrista" (Walter Melo)

"Especial" (Lisete Vaz)

"Feiticeira" (Monique Augras)

"Gata Nise" (Tatiano de Farias)

"Gatilda" (Martha Ferreira)

"Gênio do cotidiano" (Bernardo Horta)

"Gênio vivo" (Márcia Leitão)

"Gigante de Metromeio" (Arthur da Távola)

---

[292] A maior parte está catalogada em: KUMMER, Dídimo Otto. *Nise*: abecedário de uma libertadora. Maceió: Catavento, 2004, p. 45.

"Grande alma" (Tereza Vignoli)

"Grande mãe" (Domitila Amaral)

"Guerreira" (Izabel Cristina do Nascimento)

"Humanista" (Edgar de Mello)

"Leite de onça" (Luitgarde Oliveira Cavalcanti Barros)

"Luminosa" (Elke Maravilha)

"Mãe Caralâmpia" (Gilberto Gomatti)

"Mãe da Humanidade" (José Bastos)

"Mulher do século" (Frei Betto)

"Psiquiatra Mor" (Diana Piló)

"Rui Barbosa de saia" (Zoé Chagas Freitas)

"Sofia tupiniquim" (Tania Mitidíeri)

REFERÊNCIAS

ACHADOS inéditos. *Gazeta de Alagoas*, Caderno B, 28 out. 2012.

ALAGOAS. Compositor e intérprete: Djavan. Rio de Janeiro: MI-Odeon, 1978. Álbum

ARQUIVO pessoal de Nise da Silveira é reconhecido por programa da Unesco. *Revista Museu*, 20 nov. 2017. Disponível em: https://www.revistamuseu.com.br/site/br/noticias/nacionais/3744-20-11-2017-arquivo-pessoal-de-nise-da-silveira-e-reconhecido-por-programa-da-unesco.html. Acesso em: 04 mar. 2023.

AS MANDALAS e a relação com C. G. Jung. *Itaú Cultural*. Disponível em: https://www.itaucultural.org.br/ocupacao/nise-da-silveira/jung/. Acesso em: 02 mar. 2023.

BARROS, Luitgarde Oliveira Cavalcanti. Liberdade e segurança nacional: a formação do intelectual. *In:* SILVA, José Otávio Motta Pompeu e (org.). *Nise da Silveira*. Rio de Janeiro: Fundação Miguel de Cervantes, 2013.

BARROS, Luitgarde Oliveira Cavalcanti. Memória e afetividade na construção de um modelo terapêutico. *Quaternio – Revista do Grupo de Estudos C. G. Jung*, Homenagem Nise da Silveira, Rio de Janeiro, n. 8, p. 125-127, 2001.

BEZERRA, Elvia. Graciliano Ramos e Nise da Silveira em Memórias do cárcere. *Blog Instituto Moreira Sales*, 08. jul. 2013. Disponível em: https://blogdoims.com.br/graciliano-ramos-e-nise-da-silveira-em-memorias-do-carcere-por-elvia-bezerra/. Acesso em: 24 fev. 2023.

BOCAI, Davi; BUENO, Joel; LINS, Jussara; PAULO, José. Nise da Silveira, Antonion Artaud e Carl Gustav Jung. *In:* MELLO, Luiz Carlos (org.). *Encontros Nise da Silveira*. Rio de Janeiro: Azougue Editorial, 2023.

BRANDÃO, Dionysa. Alegria. *Quaternio – Revista do Grupo de Estudos C. G. Jung*, Homenagem Nise da Silveira, Rio de Janeiro, n. 8, p. 86-87, 2001.

CALAÇA, Agilberto. Nise da Silveira: esboço biográfico. *Quaternio – Revista do Grupo de Estudos C. G. Jung*, Homenagem Nise da Silveira, Rio de Janeiro, n. 8, p. 201-206, 2001.

CANTANHÊDE, José Luís. Manifesto dos Mineiros: uma carta contra a ditadura Vargas. *Tribunal Regional Eleitoral de Minas Gerais*. Disponível em: https://www.tre-mg.jus.br/institucional/memoria-eleitoral/historia-e-memoria/manifesto-dos-mineiros-uma-carta-contra-a-ditadura-vargas. Acesso em: 28 fev. 2023.

CARONE, Edgar. *A Segunda República*. São Paulo: Difel, 1973.

CARVALHO, Cícero Péricles de. *Formação histórica de Alagoas*. 3. ed. Maceió: Edufal, 2015.

CARVALHO, Fábio Lins de Lessa. A capacitação dos servidores públicos como condição de desenvolvimento dos municípios brasileiros. In: CARVALHO, Fábio Lins de Lessa; GOMES, Filipe Lôbo; FREITAS, Janaína Helena de; RODRIGUES, Ricardo Schneider (coords.). *Direito Administrativo Municipal*. Curitiba: Juruá, 2022.

CARVALHO, Fábio Lins de Lessa. *Acceso igualitario a la función pública*: consideraciones sobre el modelo español de selección de los funcionarios. Curitiba: Juruá Internacional, 2011.

CARVALHO, Fábio Lins de Lessa. *Atrevidos Caetés*: 50 encontros entre alagoanos & personalidades mundiais. Maceió: Viva, 2020.

CARVALHO, Fábio Lins de Lessa. *Autoritarismo e patrimonialismo no Brasil*: 40 visões da Literatura e da Academia (1500-2021). Curitiba: Juruá, 2021.

CARVALHO, Fábio Lins de Lessa. La función pública en el mundo: rasgos jurídicos, tendencias y retos de siete modelos comparados. *Ars Iuris Salmanticensis*, ESTUDIOS, Salamanca (España), v. 7, p. 41-66, Junio 2019.

CHALITA, Solange Bérard Lages. *Biografia Lily Lages*. 2. ed. Maceió, 2021, p. 40. Disponível em: https://www.al.al.leg.br/LIVROLILYLAGES.pdf. Acesso em: 29 jan. 2023.

COMISSÃO DE CONSTITUIÇÃO E JUSTIÇA E DE CIDADANIA. Relatório sobre o Projeto de Lei nº 9.262, de 2017. Relatora: Deputada Talíria Petrone. Brasília: Câmara dos Deputados. 27 ago. 2019. Disponível em: https://www.camara.leg.br/proposicoesWeb/prop_mostrarintegra?codteor=1797060. Acesso em: 04 mar. 2023.

CONGRESSO confirma título de 'heroína da Pátria' a Nise da Silveira com derrubada de veto. *Senado Notícias*, 05 jul. 2022. Disponível em: https://www12.senado.leg.br/noticias/materias/2022/07/05/congresso-confirma-titulo-de-heroina-da-patria-a-nise-da-silveira-com-derrubada-de-veto. Acesso em: 04 mar. 2023.

COSTA, Craveiro; CABRAL, Torquato (orgs.). *Indicador Geral do Estado de Alagoas*. Maceió: Edufal; Imprensa Oficial Graciliano Ramos, 2016.

COSTA, João Craveiro. *Instrução pública e instituições culturais de Alagoas & outros ensaios*. Maceió: Edufal, 2011. (Coleção Nordestina)

COSTA, João Craveiro. *Maceió*. Maceió; São Paulo: Catavento, 2001.

DAMIÃO JÚNIOR, Maddi. Fundamentos do método de Nise da Silveira: clínica, sociedade e criatividade. *Junguiana*, São Paulo, v. 39, n. 1, p. 91-100, jan./jun. 2021. Disponível em: http://pepsic.bvsalud.org/scielo.php?script=sci_arttext&pid=S0103-08252021000100007. Acesso em: 01 mar. 2023.

DE POETA, carnavalesco e louco... Todo mundo tem um pouco. Sinopse 1997, Escola de Samba Acadêmicos do Salgueiro. Disponível em: http://www.academiadosamba.com.br/passarela/salgueiro/ficha-1997.htm. Acesso em: 04 mar. 2023.

DIAS, Gabriela Torres. *Os intelectuais alagoanos e o quebra do Xangô de 1912*: uma história de silêncios (1930-1950). Maceió: Edufal, 2019.

DUQUE ESTRADA, Maria Ignez. Nise da Silveira (1905-1999). *Revista Ciência Hoje*, Rio de Janeiro, p. 21-28, ago. 1987. In: POMPEU E SILVA, José Otávio Motta (org.). *Nise da Silveira*. Rio de Janeiro: Fundação Miguel de Cervantes, 2013. (Coleção Memória do Saber)

EM 20 ANOS, dobra o número de mulheres que exercem a medicina no Brasil. *Conselho Federal de Medicina*, 08 dez. 2020. Disponível em: https://portal.cfm.org.br/noticias/em-20-anos-dobra-o-numero-de-mulheres-que-exercem-a-medicina-no-brasil/. Acesso em: 29. jan. 2023.

EXISTE uma "alagoanidade"? Leia artigo do poeta Sidney Wanderley em livro lançado nesta quarta. *Agenda A*, 11 dez. 2018. Disponível em: https://agendaa.com.br/2018/12/existe-uma-alagoanidade-leia-artigo-do-poeta-sidney-wanderley-em-livro-lancado-nesta-quarta/. Acesso em: 02 jan. 2023.

FEGHALI, Jandira. Projeto de Lei nº 9.262, de 2017. Inscreve o nome de Nise Magalhães da Silveira no Livro dos Heróis e Heroínas da Pátria. Brasília: Câmara dos Deputados, 2017. Disponível em: https://www.camara.leg.br/proposicoesWeb/prop_mostrarintegra?codteor=1629613. Acesso em: 04 mar. 2023.

FERNANDES, Cláudio. Intentona Comunista. *Brasil Escola*. Disponível em: https://brasilescola.uol.com.br/historiab/intentona-comunista.htm. Acesso em: 26 fev. 2023.

FERNANDES, Cláudio. Ostracismo ateniense. *História do Mundo*. Disponível em: https://www.historiadomundo.com.br/grega/ostracismo-ateniense.htm. Acesso em: 27 fev. 2023.

FERREIRA, Marta Pires. Anexo "Uma trajetória". In: *Senhora das imagens internas: escritos dispersos de Nise da Silveira*. Rio de Janeiro: Cadernos da Biblioteca Nacional, 2008.

FERREIRA, Martha Pires. Recortes, na ponta do lápis. *Quaternio – Revista do Grupo de Estudos C. G. Jung*, Homenagem Nise da Silveira, Rio de Janeiro, n. 8, p. 151-153, 2001.

FERREIRA, Martha Pires (org.). *Senhoras das imagens internas*: escritos dispersos de Nise da Silveira. Rio de Janeiro: Cadernos da Biblioteca Nacional, 2008.

GOMES, Christianne Luce; DRUMOND DE BRITO, Cristiane Miryam. "Nise, o coração da loucura": representações femininas em um filme sobre a terapêutica ocupacional, *Cadernos Brasileiros de Terapia Ocupacional*, São Carlos, v. 27, n. 3, p. 638-649, jul./set. 2019. Disponível em: https://doi.org/10.4322/2526-8910.ctoAO1730. Acesso em: 03 mar. 2023.

GUIMARÃES, Márcia. O inconsciente é um oceano. Entrevista publicada originalmente na revista *Rio Artes*, em junho de 1933. *In:* MELLO, Luiz Carlos (org.). *Encontros Nise da Silveira*. Rio de Janeiro: Azougue Editorial, 2023.

GULLAR, Ferreira. *Nise da Silveira*: uma psiquiatra rebelde. Rio de Janeiro: Relume Dumará, 1996. (Perfis do Rio)

HORTA, Bernardo Carneiro. *Nise, arqueóloga dos mares*. 2. ed. Rio de Janeiro: Aeroplano, 2009.

KUMMER, Dídimo Otto. *Nise*: abecedário de uma libertadora. Maceió: Catavento, 2004.

LESSA, Patrícia. "Silveira, Nise da". *Diccionario biográfico de las izquierdas latinoamericanas*. Disponível em: https://diccionario.cedinci.org/silveira-nise-da/. Acesso em: 01 mar. 2023.

LIMA JÚNIOR, Félix. *Maceió de outrora*. Obra póstuma. Textos selecionados e apresentado por Rachel Rocha. Maceió: Edufal, 2001. v. 2.

LINDOSO, Dirceu. *Interpretação da província*: estudo da cultura alagoana. 3. ed. Maceió: Edufal, 2015.

LUCCHESI, Marco. Cartas a Spinoza. *Quaternio – Revista do Grupo de Estudos C. G. Jung*, Homenagem Nise da Silveira, Rio de Janeiro, n. 8, p. 50-51, 2001.

MACEDO, Vera. A importante contribuição da obra de Nise da Silveira para a Psicologia Analítica de Jung. *Junguiana*, São Paulo, v. 39, p. 29-42, n. 2, jul./dez. 2021. Disponível em: http://pepsic.bvsalud.org/scielo.php?script=sci_arttext&pid=S0103-08252021000200004. Acesso em: 28 fev. 2023.

MAGALDI, Felipe. *Mania de liberdade:* Nise da Silveira e a humanização da saúde mental no Brasil. Rio de Janeiro: Fiocruz, 2020.

MAIA, Bóris. A institucionalização do concurso público no Brasil: uma análise sócio-histórica. *Revista do Serviço Público – RSP*, Brasília, v. 72, n. 3, p. 663-684, jul./set. 2021.

MAIOR hospital psiquiátrico do Brasil fecha as portas no Rio. *Globoplay*, 07 nov. 2021. Disponível em: https://globoplay.globo.com/v/10018663/. Acesso em: 04 mar. 2023.

MAIOR hospital psiquiátrico do Brasil fecha as portas. *Conectado News*, 08 nov. 2021. Disponível em: https://www.conectadonews.com.br/noticia/13625/maior-hospital-psiquiatrico-do-brasil-fecha-as-portas. Acesso em: 04 mar. 2023.

MATTOS, Marcelo Badaró. Memórias da prisão política sob o regime de Vargas. *In*: SIMPÓSIO NACIONAL DE HISTÓRIA – ANPUH, XXVI, julho 2011, São Paulo. *Anais...*, São Paulo, 2011.

MELLO, Luiz Carlos. Nise da Silveira: a paixão pelo inconsciente. *In: Quaternio – Revista do Grupo de Estudos C. G. Jung*, Homenagem Nise da Silveira, Rio de Janeiro, n. 8, 2001.

MELLO, Luiz Carlos. *Nise da Silveira*: caminhos de uma psiquiatra rebelde. Rio de Janeiro: Automatica, 2014.

MELO, Walter. Maceió é uma cidade mítica: o mito da origem em Nise da Silveira. *Revista Psicologia USP*, São Paulo, v. 18, n. 1, p. 101-124, mar. 2007. Disponível em: https://doi.org/10.1590/S0103-65642007000100006. Acesso em: 06 jun. 2021.

MODELLI, Laís. Nise da Silveira: entre a loucura, a rebeldia e a arte. *Cult*, 02 jun. 2016. Disponível em: https://revistacult.uol.com.br/home/entre-a-loucura-a-rebeldia-e-a-arte/. Acesso em: 28 fev. 2023.

MULHERES ocupam poucos cargos de comando no setor público. *Escola Nacional de Administração Pública (ENAP)*, 17 nov. 2020. Disponível em: http://nap.gov.br/pt/acontece/noticias/mulheres-ocupam-poucos-cargos-de-comando-no-setor-publico#:~:text=Um%20estudo%20do%20Instituto%20de,quadro%20mais%20geral%20do%20pa%C3%ADs. Acesso em: 06 mar. 2023.

NETO, Lira. *Getúlio. 1930-1945:* do governo provisório ao Estado Novo. São Paulo: Companhia das Letras, 2013.

NISE da Silveira – Posfácio: Imagens do Inconsciente. Documentário de Leon Hirszman. [S. l: s. n.], 1986-2014. Entrevista feita em 15 e 19 de abril de 1986. 1 vídeo (1:20:28). Disponível em: https://youtu.be/EDg0zjMe4nA. Acesso em: 25 fev. 2023. (trecho citado: a partir de 42 minutos e 31 segundos)

O LEVANTE comunista de 27 de novembro de 1935, discurso de Getúlio Vargas pronunciado nas primeiras horas de 1936. Rio de Janeiro: José Olympio, 1938-1945. v. IV: A Nova Política do Brasil.

PANDOLFI, Dulce Chaves. A Aliança Nacional Libertadora e a Revolta Comunista de 1935. *In: Getúlio Vargas e seu tempo*. Rio de Janeiro: Banco Nacional de Desenvolvimento Econômico e Social, 2004. p. 175-182. Disponível em: http://web.bndes.gov.br/bib/jspui/handle/1408/11976. Acesso em: 26 fev. 2023.

PIMENTEL, Jair Barbosa. Que saudade das festas do major Bonifácio Silveira. *O Jornal*, Maceió, 17 nov. 1996.

POMPEU E SILVA, José Otávio Motta. *A arte na terapia ocupacional de Nise da Silveira*. *In*: POMPEU E SILVA, José Otávio Motta (org.). *Nise da Silveira*. Rio de Janeiro: Fundação Miguel de Cervantes, 2013. (Coleção Memória do Saber)

POMPEU E SILVA, José Otávio Motta. Introdução. *In*: POMPEU E SILVA, José Otávio Motta (org.). *Nise da Silveira*. Rio de Janeiro: Fundação Miguel de Cervantes, 2013. (Coleção Memória do Saber)

POMPEU E SILVA, José Otávio Motta. Nise, sua vida, sua obra. *Revista Tempo Brasileiro*, Rio de Janeiro, v. 179, n. 187, p. 40-69, out./dez. 2011.

POR QUE Nise da Silveira é uma ameaça para o presidente do Brasil?. *Mad in Brasil, Ciência, Psiquiatria e Justiça Social*, 26 maio 2022. Disponível em: https://madinbrasil.org/2022/05/por-que-nise-da-silveira-e-uma-ameaca-para-o-presidente-do-brasil/. Acesso em: 04 mar. 2023.

QUEM foi a primeira mulher médica do Brasil?. *Sanar*, 07 mar. 2022. Disponível em: https://www.sanarmed.com/quem-foi-a-primeira-mulher-medica-do-brasil-carreimed. Acesso em: 29 jan. 2023.

RAMOS, Arthur. Morte do pai de Nise da Silveira. *Jornal de Alagoas*, Maceió, Ano XX, n. 36, p. 03, 16 fev. 1927. *In*: POMPEU E SILVA, José Otávio Motta (org.). *Nise da Silveira*. Rio de Janeiro: Fundação Miguel de Cervantes, 2013. (Coleção Memória do Saber)

RAMOS, Graciliano. *Memórias do cárcere*. 51. ed. Rio de Janeiro; São Paulo: Record, 2020.

REFLEXÃO. *In*: *Michaelis Dicionário Brasileiro da Língua Portuguesa*. Disponível em: https://michaelis.uol.com.br/moderno-portugues/busca/portugues-brasileiro/reflexao. Acesso em: 27 fev. 2023.

REVOGAÇÃO do veto à inscrição do nome de Nise da Silveira no Livro de Heróis da Pátria. Abaixo-assinado. *Change.org*, 25 maio 2022. Disponível em: https://chng.it/kqsdGTVBL7. Acesso em: 04 mar. 2023.

RIBEIRO, Antônio Sérgio. 29 de outubro de 1945: o fim do Estado Novo. *Assembleia Legislativa do Estado de São Paulo*, 31 out. 2005. Disponível em: https://www.al.sp.gov.br/noticia/?id=279581#:~:text=Em%2018%20de%20abril%20de,ap%C3%B3s%20nove%20anos%20de%20reclus%C3%A3o. Acesso em: 28 fev. 2023.

RITTER, Paula. Da favela a Alphaville: memórias de migrantes alagoanos em Jurujuba. *História Oral*, Niterói, v. 16, n. 1, p. 189-207, jan./jun. 2013.

ROCHA, Cármen Lúcia Antunes. *Princípios constitucionais dos servidores públicos*. São Paulo: Saraiva, 1999.

RODRIGUES, Karine. Encampada pelo nazismo, eugenia já foi emblema de modernidade no Brasil. *Fiocruz*, 10 dez. 202. Disponível em: https://www.coc.fiocruz.br/index.php/pt/todas-as-noticias/1913-encampada-pelo-nazismo-eugenia-ja-foi-emblema-de-modernidade-no-brasil.html. Acesso em: 30 jan. 2023.

SALES, Theo. Rastros da destruição: o crime da Braskem em Maceió. *Jornal do Campus*, 03 jan. 2022. Disponível em: http://www.jornaldocampus.usp.br/index.php/2022/01/rastros-da-destruicao-o-crime-da-braskem-em-maceio/. Acesso em: 03 jan. 2023.

SANT'ANA, Moacir Medeiros. Nise da Silveira, a reinvenção da psiquiatria. *Quaternio – Revista do Grupo de Estudos C. G. Jung*, Homenagem Nise da Silveira, Rio de Janeiro, n. 8, p. 207-218, 2001.

SGARIONI, Mariana. Memórias de 455 dias no cárcere. *Itaú Cultural*. Disponível em: https://www.itaucultural.org.br/ocupacao/nise-da-silveira/nise/. Acesso em: 26 fev. 2023.

SILVA, José Otávio Motta Pompeu e (coord.). Dossiê DOPS Nise da Silveira. *In: Nise da Silveira*. Rio de Janeiro: Fundação Miguel de Cervantes, 2013. (Coleção Memória do Saber).

SILVEIRA, Nise da. Entrevista concedida a Sérgio Augusto. *Folha de São Paulo*, São Paulo, Caderno Mais!, 5 nov. 1995.

SILVEIRA, Nise da. *Imagens do inconsciente*. 4. reimp. Petrópolis: Vozes, 2018.

SILVEIRA, Nise da. *Jung*: vida e obra. 7. ed. Rio de Janeiro: Paz e Terra, 1981.

SILVEIRA, Nise da. Minha vida na Casa da Solidão. Artigo publicado na Revista Manchete em 10 de junho de 1967. *In*: FERREIRA, Martha Pires (org.). *Senhoras das imagens internas*: escritos dispersos de Nise da Silveira. Rio de Janeiro: Cadernos da Biblioteca Nacional, 2008.

SILVEIRA, Nise da. Octávio Brandão. *In*: POMPEU E SILVA, José Otávio Motta (org.). *Nise da Silveira*. Rio de Janeiro: Fundação Miguel de Cervantes, 2013. (Coleção Memória do Saber).

SILVEIRA, Nise da. Retrospectiva de um trabalho vivido no Centro Psiquiátrico Pedro II no Rio de Janeiro, publicado nos Anais do XIV Congresso Nacional de Neurologia, Psiquiatria e Higiene Mental, Maceió, 27 out - 01 nov. 1979. *In*: POMPEU E SILVA, José Otávio Motta (org.). *Nise da Silveira*. Rio de Janeiro: Fundação Miguel de Cervantes, 2013. (Coleção Memória do Saber).

TÁVOLA, Arthur da. Nise da Silveira. *Quaternio – Revista do Grupo de Estudos C. G. Jung*, Homenagem Nise da Silveira, Rio de Janeiro, n. 8, p. 66, 2001.

TENÓRIO, Douglas Apratto. *Maçaió-k, Macayó, Maceió*. Maceió: Cesmac; Eduneal, 2019.

TICIANELI, Edberto. Fundação do centenário Colégio do Santíssimo Sacramento de Maceió. *História de Alagoas*. 15 mar. 2021. Disponível em: https://www.historiadealagoas.com.br/fundacao-do-centenario-colegio-do-santissimo-sacramento-de-maceio.html. Acesso em: 19 dez. 2021.

TRINDADE, Ana Paula; TRINDADE, Diamantino Fernandes. Desafios das primeiras médicas brasileiras. *História da Ciência e Ensino*, v. 4, p. 24-37, 2011. Disponível em: https://revistas.pucsp.br/index.php/hcensino/article/view/6435/5767. Acesso em: 29 jan. 2023.

VANIN, Iole Macedo. *As damas de branco na biomedicina baiana (1879-1949):* médicas, farmacêuticas e odontólogas. 258 p. 2008. Tese (Doutorado em História) – Programa de Pós-graduação em História, Universidade Federal da Bahia, Salvador, 2008. Disponível em: https://ppgh.ufba.br/sites/ppgh.ufba.br/files/5_as_damas_de_branco_na_biomedicina_baiana_1879-1949_medicas_farmaceuticas_e_odontologas.pdf. Acesso em: 29 jan. 2023.

VASCONCELLOS, Karina. Nise da Silveira, heroína do Rio de Janeiro. *O prelo*, 24 ago. 2022. Disponível em: https://oprelo.ioerj.com.br/2022/08/24/nise-da-silveira-heroina-do-rio-de-janeiro/. Acesso em: 04 mar. 2023.

VASCONCELOS FILHO, Marcos. *Marulheiro:* viagem através de Aurélio Buarque de Holanda. Maceió: Edufal, 2006.

VERÇOSA, Élcio. Alagoas é uma terra de vencidos e humilhados. Entrevista concedida a Odilon Rios. *Jornal Extra*, 08 abr. 2015, entrevista o professor Élcio Verçosa. Disponível em: http://novoextra.com.br/outras-edicoes/2015/815/16749/lcio-vercosa--alagoas-e-uma-terra-de-vencidos-e-humilhados. Acesso em: 03 fev. 2017.

Blogs e *sites* consultados:

CASA das Palmeiras. Disponível em: http://casadaspalmeiras.blogspot.com/. Acesso em: 01 mar. 2023.

MUSEU de Imagens do Inconsciente. Disponível em: https://www.museuimagensdoinconsciente.org.br/sobre. Acesso em: 01 mar. 2023.

NISE da Silveira, vida e obra. *Centro de Cultura do Ministério da Saúde*. Disponível em: http://www.ccms.saude.gov.br/nisedasilveira/secao-de-terapeutica-ocupacional.php. Acesso em: 28 fev. 2023.

O LEGADO. *Itaú Cultural*. Disponível em: https://www.itaucultural.org.br/ocupacao/nise-da-silveira/o-legado/. Acesso em: 01 mar. 2023.

FSC
www.fsc.org
MISTO
Papel | Apoiando
o manejo florestal
responsável
FSC® C092828

2021
CARBON
NEUTRAL
SAVE
cerrado

Esta obra foi composta em fonte Palatino Linotype, corpo 10
e impressa em papel Offset 75g (miolo) e Supremo 250g (capa)
pela Artes Gráficas Formato.